中华古村落

北京天津河北卷

顾问 陈志华

主编 李秋香

李玉祥

赵勇 龙丽民 张志国 著

江蘇鳳凰教育出版社
Phoenix Education Publishing, Ltd

顾　问

陈志华

主　编

李秋香

李玉祥

编　委（按照姓氏笔画排序）

王瑞书

李玉祥

李秋香

吴　宁

吴正光

陆　琦

陈志华

周　晨

顾华明

戴志坚

主摄影

李玉祥

总序

陈志华

中国有着非常漫长的自然农业历史，传统的中华文明，基本上是农业文明。农业文明的基础是乡村的社会生活。在广阔的乡土社会里，以农民为主，加上小手工业者、小商贩、在乡知识分子和少数退休还乡的官吏，一起创造了像海洋般深厚瑰丽的乡土文化。比起庙堂文化、士大夫文化和市井文化来，乡土文化是绝大多数人创造的文化，为绝大多数人服务。乡土文化依赖于土地，是一种地域性文化，它不像庙堂文化、士大夫文化和市井文化那样有强烈的趋同性，它千变万化，更丰富多彩，是中华民族文化遗产中还没有被充分开发的宝藏。没有乡土文化的中国文化史是残缺不全的，不研究乡土文化就不能真正了解我们这个民族。

乡土建筑是乡土生活的舞台和物质环境，它是乡土文化最普遍存在的、信息含量最大的组成部分。它的综合度最高，紧密联系着许多其他乡土文化要素，甚或是它们的重要载体。不研究乡土建筑就不能完整地认识乡土文化，甚至可以说，乡土建筑研究是乡土文化系统研究的基础。

乡土建筑当然也是中国传统建筑最朴实、最率真、最生活化、最富有人情味的一部分，不仅有很高的历史文化价值，对建筑工作者来说，还可能有一些直接的借鉴价值。没有乡土建筑的中国建筑史是残缺不全的。

有一个漫长的历史时期，中国的经济、文化中心在农村。农村里建筑品类之多样胜过一般的城市，连书院、藏书楼、寺庙也大多在农村，更不必提路亭、磨坊、水碓、畜舍之类的了。雕梁画栋、琐窗朱户也并不次于城里。但是，乡土建筑优秀遗产的价值还远远没有被正确而充分地认识。一个物种的灭绝是巨大的损失，一种文化的灭绝岂不是更大的损失？大熊猫、金丝猴的保护已经是全人类关注的大事，我们的乡土建筑却正在以极快的速度、极大的规模被破坏着，我们正无可奈何地失去它们。

我们无力回天，但我们决心用全部的精力立即抢救性地做些乡土建筑的研究工作。

我们的乡土建筑研究从聚落下手。这是因为，绝大多数的乡民生活在特定的封建宗法制的社区中，所以，乡土建筑的基本存在方式是形成聚落。作为与乡民们社会生活的各个侧面相对应的物质条件，聚落中的乡土建筑包含着许多种类，有居住建筑，有礼制建筑，有寺庙建筑，有商业建筑，有公益建筑，也有文教建筑，等等。当然更有农业、手工业所必须的建筑，例如磨坊、水碓、染坊、畜舍、粮仓之类。几乎每一类建筑都构成一个或大或小的系统。例如宗庙，有总祠、房祠、支祠、香火堂和祖屋；例如文教建筑，有家塾、义塾、书院、文昌（奎星）阁、文峰塔、进士牌楼、功名桅杆、戏台；生产性建筑则有陶瓷窑、抄纸作坊、竹木店、染坊、铁匠铺、油榨坊等等。这些建筑系统在聚落中形成一个有机的大系统，这个大系统规定着聚落的结构，使它成为功能完备的整体，满足一定社会历史条件下乡民们物质的和精神的生活需求，以及社会的制度性需求。打个比方，聚落好像物质的分子，分子是具备了某种物质的全部性质的最小的单元，聚落就是社会的这种最小单元。我们以完整的聚落作为研究乡土建筑的对象。这个研究目标本身规定了研究的基本方法，即以田野调查为主，结合文献考查。

乡土生活赋予乡土建筑丰富的文化内涵，我们力求把乡土建筑与乡土生活联系起来研究，因此便是把乡土建筑当作乡土文化的基本部分来研究。聚落的建筑大系统是一个有机整体，我们力求把研究的重点放在聚落的整体上，放在各种建筑与整体的关系及它们之间的相互关系上，放在聚落整体及它们的各个部分与自然环境和历史环境的关系上。乡土文化不是孤立的，它参与形成庙堂文化、士大夫文化、市井文化的共同基础，和它们都有千丝万缕的关系。乡土生活不是完全封闭的，它与一个历史时代整个社会的各个生活领域也有千丝万缕的关系。我们力求在这些关系中研究乡土建筑。例如，明代初年“九边”的乡土建筑随军事形势的张弛而变化，明代末年江南和晋中的乡土建筑随着商品经济的发展而有很大的变化等等。聚落是在比较长的时期里定型的，这个发展过程蕴含着丰富的历史文化内容，我们也希望有足够的资料可以让我们对聚落做动态的研究。总之，我们的研究方法综合了建筑学的、历史学的、民俗学的、社会学的、文化人类学的各种方法。方法的综合性是由乡土社会和建筑固有的复杂性与外部联系的多方位性决定的。

因为我们的研究是抢救性的，所以我们不选已经名闻天下的聚落作为研究课题，而去发掘一些默默无闻但很有历史价值的聚落。这样的选题很难：聚落要发育得成熟一些，建筑类型比较完全，建筑质量好，有家谱、碑铭之类的文献资料。当然聚落最好还保存得相当完整，老的没有太大的损坏，新的又没有太多的增加。从系列化的研究来说，更希望聚落在各个层次上都有类型性的变化：有纯农业村，有手工业村，有从农业向商业、手工业转化的村；有窑洞村，有雕梁画栋的村；有山头村，有河边村；有马头墙参差的，也有吊脚楼错落的；还有不同地区不同民族的，等等。这样才能一步步接近中国乡土建筑的全貌，虽然这个路程非常漫长。选题的时候，要区分各个层次上的类别和性质，我们使用了细致的比较法，就是要找出各个聚落的特征性因子，这些因子相互之间要有可比性，要在聚落内部有特殊性，要在类型之间或类型内部有普遍性。我们不仅尽可能选取不同的角度和重点，还力求写出每个聚落的特殊性，而不是去把它纳入一般化的模子里。只有写出每个题材的特殊性，才能多少写出一点点中国乡土建筑的丰富性和多样性。所以，挖掘题材的特殊性，是我们着手研究的切入点，必须下比较大的工夫。类型性和个体性的挖掘，也都要靠细致运用比较的方法。

虽然我们只能从汪洋大海中取得一勺水，这勺水毕竟带着海洋的全部滋味。希望我们的书能够引起读者们对乡土建筑的兴趣，有更多的人乐于来研究它们，进而能有选择地保护其中最有价值的一部分，使它们免被彻底毁灭。

2013 年夏日

目录

概述

一、北京、天津、河北历史背景与自然环境

1. 北京市历史背景与自然环境

（1）北京市历史背景

北京历史悠久，是世界著名古都，首批国家级历史文化名城。北京自秦汉以来一直是北方重镇和地方中心，不同朝代有不同称谓，如：蓟、蓟城、幽州、燕都、日下、幽都县、幽都府、燕京、春明、京城、燕山、中都、大兴府、大都、汗城、北平、京师、宛平和北京等。从最初的“蓟”“燕”等小封国、诸侯国的都城，发展到边防重镇、陪都、国都，其历史地位不断提高。

《尚书·舜典》载“燕曰幽州”，两汉、魏、晋、唐代都曾在此设置幽州，现存最早的寺院潭柘寺即始建于晋朝。隋朝时北京叫涿郡，是当时大运河的起点。元大都的落成标志着北京成为中国的政治中心，并延续到明、清两代。永乐元年北京地区首次使用“北京”这个名称。民国十七年（1928）北京曾改称北平。中华人民共和国成立后，北平更名为北京，成为中华人民共和国的首都。

北京市2019年末有常住人口2153.6万人，以汉族为主，有汉族、满族、回族、蒙古族等民族共同生活在这片土地上。

北京被梁思成称赞为“都市计划的无比杰作”，其设计规划体现了中国古代城市规划的最高成就，是当之无愧的世界上同时期城市规模最大、延续时间最长、布局最完整、建设最集中的封建都城，同时也是世界同时期城市建设的最高成就。

（2）北京市自然环境

北京地处华北大平原北部，东面与天津市毗连，其余均与河北省相邻，与河北、天津同处于一个地理单元。

北京地貌类型分为西部山地、北部山地和东南平原三大单元，地势西北高、东南低。西部、北部和东北部三面环山。西部为西山，属太行山脉；北部和东北部为军都山，属燕山山脉；东南部是一片缓缓向渤海倾斜的平原。流经境内的主要河流有：永定河、潮白河、北运河、拒马河等，多由西北部山地发源，穿过崇山峻岭，向东南蜿蜒流经平原地区，最后分别汇入渤海。

《日下旧闻考·形胜篇》记载，北京“虎踞龙盘，形势雄伟。以今考之，是邦之地，左环沧海，右拥太行，北枕居庸，南襟河济，形胜甲于天下，诚天府之国也”，足以控四夷、制天下，实乃龙兴之地。

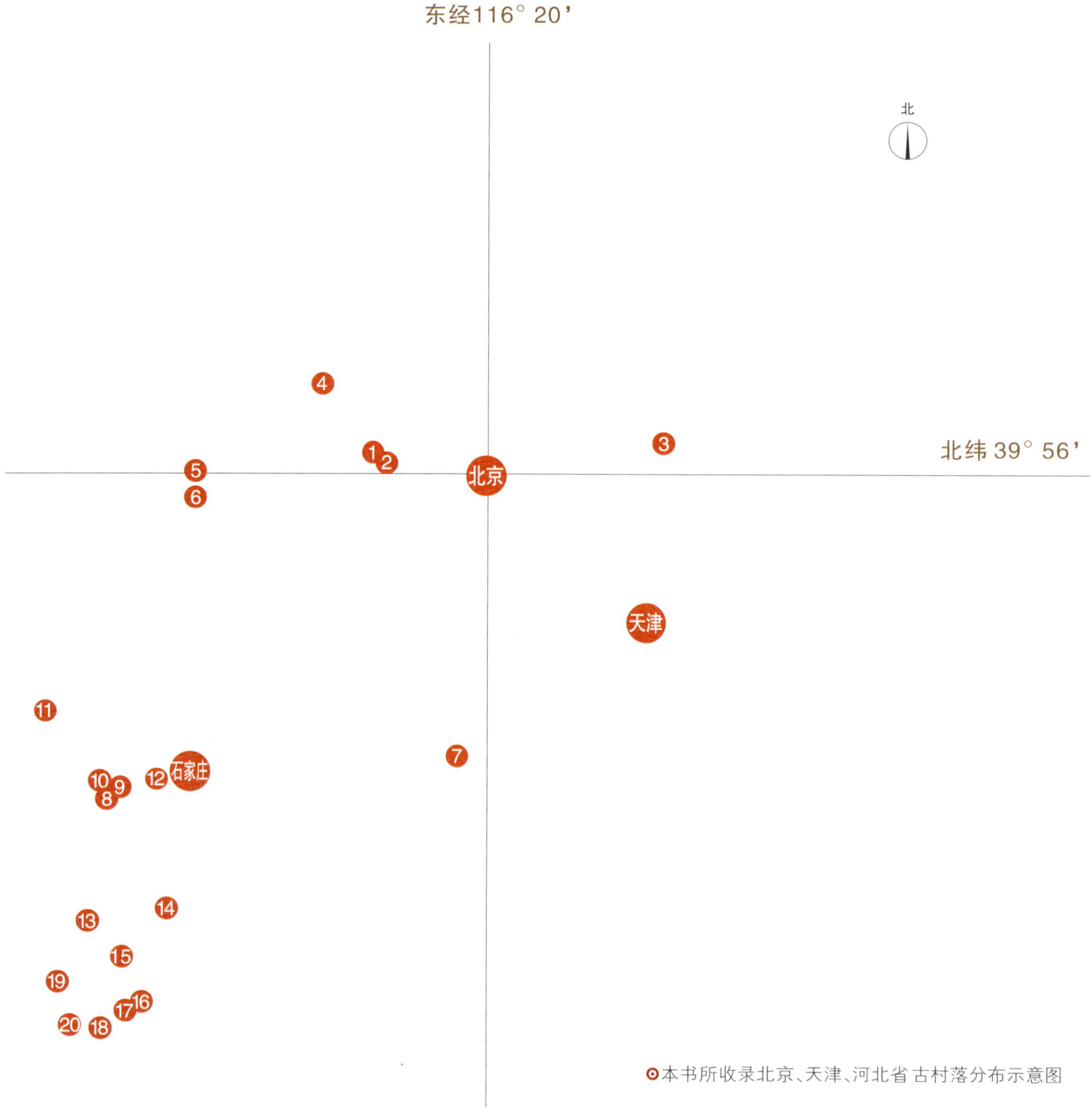

本书所收录北京、天津、河北省古村落分布示意图

① 北京市门头沟区斋堂镇爨底下村
② 北京市门头沟区斋堂镇灵水村
③ 天津市蓟州区渔阳镇西井峪村
④ 张家口市怀来县鸡鸣驿乡鸡鸣驿村
⑤ 张家口市蔚县涌泉庄乡北方城村
⑥ 张家口市蔚县下宫村乡浮图村
⑦ 沧州市献县南河头乡单桥村
⑧ 石家庄市井陉县南障城镇大梁江村
⑨ 石家庄市井陉县于家乡于家村
⑩ 石家庄市井陉县天长镇小龙窝村
⑪ 石家庄市平山县杨家桥乡大庄村
⑫ 石家庄市鹿泉区白鹿泉乡水峪村
⑬ 邢台市信都区路罗镇英谈村
⑭ 邢台市信都区皇寺镇皇寺村
⑮ 邢台市沙河市柴关乡王硇村
⑯ 邯郸市武安市伯延镇伯延村
⑰ 邯郸市峰峰矿区和村镇东苑城村
⑱ 邯郸市涉县关防乡岭底村
⑲ 邯郸市涉县偏城镇偏城村
⑳ 邯郸市涉县固新镇固新村

2. 天津市历史背景与自然环境

（1）天津市历史背景

天津市简称津，别名津沽、津门等。“天津”一名出现于明永乐初年，意为天子经过的渡口，缘于建文二年（1400）朱棣率兵在此渡河南下。

天津城市建设始于隋朝大运河的开通。由于天津漕运和盐业的不断发展，在南北运河和海河交汇的三岔河口地带（今金钢桥三岔河口）日益兴盛，史称“三会海口”，金代末年在此建立直沽寨，成为漕运和军事相结合的畿辅重镇，是为天津最早的发祥地。唐朝中叶以后，天津成为南方粮、绸北运的水陆码头。元朝在天津设“海津镇”，天津成为军事重镇和漕粮转运中心。明永乐二年（1404）正式筑城设卫，是中国古代唯一有确切建城时间记录的城市；翌年设天津左卫，转年增设天津右卫。清顺治九年（1652）三卫合一，归并于天津卫，是拱卫京畿的要地和门户。

1860年天津被辟为通商口岸后，西方列强纷纷在天津设立租界，天津成为中国北方开放的前沿和近代中国洋务运动的基地。军事近代化以及铁路、电报、电话、邮政、采矿、近代教育、司法等方面建设，均开全国之先河。天津成为当时中国第二大工商业城市和北方最大的金融商贸中心。六百多年的历史，造就了天津中西合璧、古今兼容的独特城市风貌。

1949年中华人民共和国成立后，天津被定为直辖市。1958年2月，由直辖市改为河北省辖市。1967年1月恢复为直辖市，同年12月成立“天津市革命委员会”。1980年6月恢复天津市人民政府建制至今。

（2）天津市自然环境

天津地处华北平原东北部，东临渤海，北依燕山，扼守京畿；位于海河流域下游，地跨海河两岸，是北京通往东北、华东地区铁路的交通咽喉和远洋航运的港口，是中国北方最大的港口城市，有“河海要冲”和“畿辅门户”之称。

天津地貌类型可以划分为山地、丘陵、平原和海岸带四种类型。山地主要分布在蓟州区北部；丘陵分布在蓟州区，形态浑圆，起伏和缓；平原分布于燕山至渤海之间。总体特征是北面从蓟州北部山区向南部平原逐级下降，西面从武清永定河冲积扇尾部向东缓缓倾斜，南面从静海南运河大堤向海河河口逐渐降低，形成北高南低、西高东低的形态。最高峰八仙桌子峰（又名蝈蝈笼子）海拔1052米，最低处为大沽口，海拔零米。

⊙河北北部地貌

天津地处海河下游，是海河五大支流南运河、子牙河、大清河、永定河、北运河的汇合处和入海口，素有“九河下梢”之称。流经天津境内的一级河道有19条，总长约1100千米。其中自然河道长700余千米，人工河道长400余千米。

3. 河北省历史背景与自然环境

（1）河北省历史背景

河北省简称冀，地处华北地区腹心地带，东南部、南部衔山东、河南两省，西接山西省，西北与内蒙古自治区交界，东北部与辽宁省接壤。河北省东临渤海、内环京津，西为太行山地，北为燕山山地。燕山以北为张北高原，其余为河北平原。2019年末有常住人口7591.97万人，以汉族为主，有汉、回、满、蒙古等民族共同生活在这块土地上。

河北作为一个地域名称，最早指黄河以北、太行山以东、燕山以南的地区。历史上，河北的行政区划经历了多次变革。传说大禹治水划天下为九州，河北属冀州之地，故简称为“冀”；战国时期因大部分区域属于赵国和燕国，故现在人们多用“燕赵”代指河北。河北地处中原，秦统一后，划天下为十道，河北为其一。元朝统一中国后，定都大都（今北京市），河北为中央直属的中书省。明代为中央直辖的北直隶。清代，河北称直隶省，雍正八年（1730）起，直隶总督驻保定府。1928年，直隶省改名为河北省，沿用至今。

（2）河北省自然环境

河北省西部多为山区或丘陵地带，东部多为平原河泽，是中国唯一兼有高原、山地、丘陵、平原、湖泊和海滨的省份。河北省地势西北高、东南低，由西北向东南倾斜。有坝上高原、燕山和太行山地、河北平原三大地貌单元。历史上受黄河、海河等河流决口、改道、泛滥冲淤、重叠切割的影响，平原区古河床和沙丘岗坡呈带状分

⊙北京市灵水村合院民居建筑

布，中间形成许多封闭洼地，下游地形平缓，地势低洼。北部为内蒙古高原与华北平原的过渡带，华北台地的一部分，底层发育和大地构造演化的历史悠久，构造单元包括内蒙古背斜、燕山沉积带和河北凹陷的冀东部分。

河北省地处中纬度欧亚大陆东岸，属于温带半湿润半干旱大陆性季风气候，具有冬季寒冷干旱、雨雪稀少，春季冷暖多变、干旱多风，夏季炎热潮湿、雨量集中，秋季风和日丽、凉爽少雨的特点。四季分明，寒暑悬殊，雨量集中，干湿期明显，气候条件较好，日照充沛，热量丰富，雨热同季，适合多种农作物生长和林果种植。

二、北京、天津、河北各地区建筑文化

1. 北京地区

北京，古称燕京，有着“右拥太行，左注沧海，抚中原，正南面，枕居庸，奠朔方”的地理形势，历来为帝君建都的理想之地。

北京地区的普通民居一般是合院形式，有着严整对称的格局。大多数合院分内外两进，外院主要为会客等活动场所，内院为家眷的生活空间。内院位于中轴线上的正房，称作堂屋，其尺度及高度均超越两厢和倒座，且大多为三间，遵循着明清朝廷“庶民庐舍不过三间五架，不许用斗拱，饰彩色”的规定。但这一规定在离京师较远的地区经常会被打破。有的正房两侧接出耳房，居尊长者，两厢则居住晚辈后代。北京地区民居宅院的大门体现着严格的等级秩序，体量大、装饰华丽的广亮大门、金柱大门和蛮子门一般多用在官宦人家，有门楼和简单装饰的如意门用于殷实之家，普通百姓人家则只用没有进深的墙门或仅在门两边砌通天柱。在北京西郊的山区村落，由于空间有限，合院的规模较小，例如爨

⊙天津市西井峪村村景

底下村，一般院落都是6米见方，仅相当于北京城内四合院的四分之一，但依然保持了严整的格局和内外区分的秩序。

2. 天津地区

“津门”是天津的别名，体现着天津“拱卫京畿、河海要冲”的门户地位。天津城始建于明永乐二年（1404），明成祖朱棣登基后，在天津设卫城。旧时天津城北是通往京师的必经之路，城东则濒临海河，东下可达大沽海口，是京师通往海洋的重要门户。自明代建城以来，随着海洋文化的发展，天津逐渐成为北方重要的移民港口城市，河海运输的发达更使南北文化在此交融。晚清以来，则是中国北方重要的工业城市和对外开放港口。

南北文化融汇最好的实例便是位于运河南岸的水西庄。水西庄是天津芦盐巨商查日乾与其子营建的别墅园，兴盛于乾隆时期。当时园景既有北方园林真山水的情趣韵致，也有南方园林的清丽质朴。园内有枕溪廊、数帆台、藕香榭、览翠轩、花影庵、泊月舫、碧海浮螺亭等多处胜迹，更有刘墉、纪昀、袁枚等朝廷重臣和文人墨客的活动处。因此，水西庄与扬州的小玲珑山馆、杭州的小山堂并称为清代三大私家园林。

3. 河北地区

（1）冀北地区

冀北地区一般指今张家口、承德一带，是中华民族的发祥地之一。涿鹿县的黄帝城位于县内矾山镇西2千米处，是我国历史上最古老的都城之一。冀北地区北接内蒙古高原，南连河北平原，是游牧文化和农耕文化的交界地。自秦以后

⊙涿鹿县

一直是防御匈奴的军事要地。

冀北地区多为宽敞的一进或多进院落，选址多处于向阳背风的平地或缓坡地带，布局紧凑且灵活自由，一般较矮。墙体多为石材、土坯砖或夯土，室内多做火炕采暖。院落布局多为“一堂两屋”式，院墙低矮。正堂坐北朝南稍偏东，一般为三间硬山式建筑。东厢房放置农具杂物，西厢房用作畜棚。

（2）冀中地区

冀中地区一般是指保定、廊坊和沧州一带。其中保定是尧帝的故乡，春秋战国时期，燕、中山前后在境内建都，自古为战略要地。冀中民居多以四合院为主，院落以堂屋为中心对称布局。装饰朴实大气，具有典型的北方特色，多为青砖墙或者土坯墙，木构架硬山式或悬山式双坡顶，以及木梁架上铺石灰渣的平屋顶。冀中建筑房间的窗户一般朝院内而不朝院外开，院墙高大，具有较强的防御性，同时使院内自成天地。

（3）冀南地区

冀南地区一般是指石家庄、衡水、邢台、邯郸一带，该地区具有三千多年的人类居住历史，从殷商开始就有在邢台建都的记载。邢台、邯郸在历史上曾为多个朝代的都城，是我国古代重要的政治、文化中心，明清之后随着都城的北移，其历史地位逐渐降低。

冀南民居体现了较多的地方特色，受都朝文化影响，无论是普通民居还是其他建筑都比较注重装饰，从屋檐、门楼、照壁、柱础、门墩等处可见精美的装饰，体现了明显的礼制等级。平屋顶以满足晾晒粮食的需要为主，有的为了增强装饰效果而在屋顶外侧加一圈小屋檐，从外面看形成坡屋顶。一些大户人家或者公共建筑，以双坡屋顶居多。山区用地紧张，建筑布局比较紧凑，民居基本以两层为主。

（4）冀东地区

冀东地区一般是指秦皇岛、唐山一带，在周朝为孤竹国的中心地，汉朝以后成为防御突厥、契丹的战略要地。隋唐逐渐发展起来，至明清已成为河北重要的经济中心。冀东地区北倚燕山，南临渤海，清代晚期“洋务运动”兴起，开始发展海上贸易，促进了中外文化的交流，有大量中西合璧的建筑出现。

冀东民居建筑分为居民街坊、城镇大型住宅、乡村居住房屋三种类型。其中以“城镇大型住宅”最具代表性：住宅的总平面大部分是前后长、两端窄的矩形，多为三合院或四合院。住宅之间均用高高的宅墙相隔，房屋在院子中间，布置松散。这种布局可以形成均匀的采光，还可以起到防火的作用。

三、河北省古村落选址布局

河北省境内地形类型齐全，地形和水系对村落选址布局的影响往往起决定作用，使不同区域的村落体现出各具特色的选址布局。

1. 山地村落

河北省北枕燕山，西依太行，山前多丘陵台地，北部是内蒙古高原向华北平原的过渡地带，西部是黄土高原向华北平原的过渡地带。从大的环境来看，古村落一般北部有连绵的群山，南面有远近呼应的小山，左右两侧护山环抱，重重护卫。中部比较宽敞，地势平坦。“高勿近阜而水用足”，后有靠山，前有流水，形成格局完整、相对封闭的地理单元。

在避风向阳的丘陵台地上多有古村落分布。如石家庄市井陉县南障城镇大梁江村，村庄选址于太行山脉东侧的甘桃沟北岸。村庄坐北朝南，北部有太行山一脉的三条分支，大梁江村位于中间分支上，左右有护山，南面有案山，村庄东南方向开敞，利于夏季风的引入，居住环境非常好。

2. 平原村落

河北平原地处半湿润大陆性季风气候区，季风显著，四季分明。西依太行，东临渤海，南界黄河，北至燕山，历史上黄河在此地多次改道，留下肥沃的冲积土。现在有海河扇面形覆盖，从太行山区带来肥沃的矿物质滋补河北大地。河北平原地势平坦，土壤肥沃，水资源丰富，气候适

⊙大梁江村民居依坡就势、参差错落

宜，是难得的人类聚集地之一。

由于地处北方游牧文明与中原农耕文明的相邻地带，是群雄逐鹿中原的要冲，这一地区战乱频仍。现在的村落，一般大而紧凑，平面形态呈团块状。村落人口动辄上千，多是明朝靖难之役后搬迁而来的移民，他们或沿河而居，或掘井建屋，多聚集发展。如邢台市平乡县丰州镇寞冯马村，就是明永乐年间移民迁居而成近似正方形的村落。

3. 沿河村落

村落接近水源，既能方便村民生活生产，还能得交通之利。“下勿近水而沟防省”，布局在河流的二级台地，在取水之利的同时又免受洪灾之扰，是为建村的吉地。水格贵弯曲而忌平直，四水归一，形成龙脉，凝聚生气。所以古村落一般选址在河曲之处。如邯郸市涉县关防乡宋家村，位于清漳河上游古河道河曲之处，古河道自北向南在村东穿过，在村庄南部折向西南，成半包围之势。

⊙单桥村桥身石兽雕刻

过河点亦是古村落选址的极佳之地，如沧州市献县南河头乡单桥村，地处京德古御道与滹沱河故道的交点，是明代水陆交通枢纽，有“九省通衢”之称。自明代以后，单桥历代都驻有重兵把守。明清时单桥是闻名遐迩的客流、物流集散地，曾设巡检司。

四、河北省古村落空间布局形式

河北地域文化深刻影响着古村落的聚落形态。春秋时期，燕国、赵国在河北大地上形成。宋金时期，逐渐发展起来的北方少数民族开始进驻河北北部。由于与山西省关系紧密，也多有晋人进入燕赵，由于和北京的地缘关系又使其必然受到京文化的影响。因此，春秋战国至今，在河北形成了燕文化、赵文化、晋文化、京文化和游牧文化相融合的地域文化特征。河北古村落的形成和发展基于多民族文化的交融，古村落充分反映出人民的生活生产方式及习俗、审美观念，呈现多元化特征。

单桥村石桥

1. 以宗教建筑为依托的村落布局

河北宗教表现出多元化的特点。以儒家思想为核心，儒、释、道共存，民间信仰更是盛行。河北北部古村落所建庙宇更多出于保境安民的思想，村落多建真武庙；而南部古村落中建造庙宇更多考虑福荫子孙的心理，多神崇拜，多庙共存。这些庙宇往往也成为村落最重要的公共空间，或位于村落中心，或位于村头、村尾，成为村落布局的重要内容。如内丘县神头村、信都区皇寺村等。

神头村因扁鹊而闻名，扁鹊死后葬于蓬山脚下，人们在九龙河畔为他修盖了庙宇。从此，九龙河两岸的焦家庄、狼家庄合而为一，改村名为“神头”，村后蓬山也改名为“鹊山”。扁鹊祠就在神头村西，村口有古井石栏。它依山势建成，西、南、北三面环山。

2. 驿站交通型村落布局

我国古代驿站的历史可以追溯到西周时期，随着官方交往的需要，大约在周代出现了“官邮”，汉代易名为驿。明清时邮驿站几乎遍及全国各地。作为传统聚落的特定文化载体，其空间布局除具有普通村落特征外，更多兼具驿站辅助功能。驿站型古村落多位于文化交融、人口流动地区，在历史时期承担着重要的交通功能，如怀来县鸡鸣驿村、献县单桥村等。

鸡鸣驿古村曾为北京通往西域大道上的驿站，在中国古代邮驿史、交通史、军事史等研究上占有重要地位。古村整体分区合理独特，块状和条状布局使鸡鸣驿形成以驿站功能为主，各种

⊙鸡鸣驿

辅助性和服务性设施为辅的综合性驿城。驿署区在城中心，东西走向的头道街主要是军政管理和商业服务区，南北走向的西街是驿站的核心，东北为驿仓区，正北为驿学区。西北区有马号，城南的南官道即是当年的驿道。驿站型古村落由于其交通要塞的功能，祈求旅途平安的要求强烈，所以建筑坚固、庙宇众多。

3. 家族聚居紧凑式村落布局

家族型村落多为以氏族关系为基础的聚落，这类聚落多为官员、商人等大家族的住所。特点主要有村落的形成源于家族聚居的传统，布局集中紧凑，村落布局受到礼制观念的影响和制约，祠堂建筑往往为中心或重点，易于形成合院建筑群。合院堂屋居中，为一家人起居中心，设供案、祖宗牌位。堂屋左右设卧室，按老幼尊卑居住，一宅多院。这一类古村落是目前保存最多的村落。如井陉县大梁江村、于家村，涉县岭底村等。

井陉县于家村始建于明成化年间（1465—1487），明代政治家、民族英雄于谦的后裔于有道携其妻贾氏在此立庄，建造了规划有序、工艺奇特、粗犷豪放、独具特色的石头村落。此村布局规范，东西为街，南北为巷，石头房屋依次展开，中心建有于氏宗祠，布局紧凑，主次分明。

五、河北省古村落特征

1. 天人合一，道法自然

河北古村落的选址充分考虑了和自然环境的

蔚县玉皇阁

⊙宋家村民居院落

协调，延续了我国传统“左青龙右白虎，前朱雀后玄武”的布局模式。村落力求建在山清水秀之地，背山面水朝阳，阳光充足、植被茂盛。自然山水成为村落的组成部分，与自然环境相适应。

古村落选址利用自然界的山川、水泽，构建自然环境与人居环境的和谐统一。如邯郸市涉县固新镇固新村，位于清漳河西岸台地上，村庄建设为“四门四券”的形制；而其北面的原曲村，位于清漳河拐弯处，村落依河流而建，整体形态像一条鱼。

2. 讲宗明礼，严谨布局

河北大多数农村以“礼”来维护村落的社会秩序，保持人与人之间的关系，维护家庭、村落及姓氏家族之间的和谐安宁。河北古村落有很多是族聚村落，因姓氏得名，如于家村、宋家村等。村内族人的祠堂也往往选择在村落重要位置，如邯郸市涉县宋家村的宋家祠堂位于村庄西北高地。因为地缘关系、血缘关系，大家共同经历了多年的风风雨雨，在这一过程中互惠互利，结下了深厚的情谊，且历代相传，编织起一个庞大的社会网络。

宗族礼制的观念同时也体现在院落格局上。在中轴对称的四合院落中，院落的层次及正房、厢房的朝向、高低等都明显反映了等级、尊卑、长幼、内外的礼制观念。合院布局既符合礼制，又顺应气候特点，形成一个相对私密、封闭的空间，同时也是对居住场所的保护和自卫。

3. 京畿之地，内敛含蓄

河北省环抱京津，自古为畿辅重地，防卫要

⊙于家村清凉阁

求一直占有重要地位。地处农耕文明与游牧文明交替控制区域的特征更加强化了其文化中的防御性。河北古村落的独特之处是对外封闭、对内开放，同时兼容晋文化和京文化。

体现河北古村落防御性的典型代表是古堡，尤以冀北地区为甚。张家口市蔚县有“八百村堡”之说，是目前国内较为集中的古村（堡）落群，至今仍存345座。蔚县古村堡最早建于商周时期，现存大多为明清时期所建。功能上有“军堡”和“民堡”之分，建造形式上有独门堡、多门堡、城中堡、连环堡、堡套堡、品字堡之别。蔚县古村堡种类繁多，且形态各异，自成体系。村堡以聚落外围环绕式的防御建构为主，多砌建堡墙、挖设壕沟等。对外铜墙铁壁，对内则四通八达。蔚县代王城镇石家庄堡，西扼飞狐古道，东控壶流河支流水道，形似两根长长的轿杆抬着中间的“轿子堡”。古堡平面呈方形，边长200米，四周堡墙黄土夯筑。古堡内部南北向一条主街，东西六条小巷，形成鱼骨状街巷系统，连通堡内各个院落。

4. 耕读传家，诗书济世

河北古村落以传统农业为主，“耕读传家久，诗书济世长”的观念流传甚广，深入民心。耕田可以事稼穑，丰五谷，养家糊口，以立性命；读书可以知诗书，达礼义，修身养性，以立高德。“耕读传家”既学做人，又学谋生。读圣贤书，为的是学做人道理。人们在日常生活中，潜移默化地接受圣哲先贤的教化，人才辈出。

河北古村落在宽敞的院落中植树栽花、饲鸟养鱼，蕴含着深刻的文化内涵。装修、雕

偏城村某建筑石雕细部

饰、彩绘处处体现着文化传统，表现出人们对幸福、吉祥的追求。如以蝙蝠、寿字组成的图案寓意“福寿双全”，以花瓶内安插月季花寓意“四季平安”。而嵌于门簪、门头上的吉辞祥语，附在抱柱上的楹联以及悬挂在室内的书画，或颂山川之美，或铭处世之学，或咏鸿鹄之志，充满浓郁的文化气息。走在河北古村落的街巷，“耕读第”“谦受益”之类的警语随处可见。平山县杨家桥乡大庄村一院落的影壁上书“宅依南岳如锦屏，门临沱水似玉带”，体现出“悠然见南山”的怡然之乐。而涉县偏城镇偏城村将军第门前楹联书“祖武箕裘家声麟凤，皇猷黼黻国器圭璋”，显现的是刘家作为世家门第，人才辈出。

大庄村某宅“谦受益”大门

⊙村子坐北朝南，山地四合院高低错落

⊙娘娘庙

关帝庙

影壁上的题字

⊙影壁上的题字

⊙小井边的石槽

村中心照壁的“爨”字

四合院依山就势，高低错落

⊙一组组四合院各成单元

⊙四合院正房

四合院天井

70 余套山地四合院依山势分上下两层

就势而筑的山地四合院

四合院随山起伏，错落有致

⊙山居

⊙民居

⊙随自然地势变化的四合院

⊙四合院门楼

巷道

◎民居大门

灵泉禅寺山门

天仙圣母庙山门

自天仙圣母庙正殿远望

天仙圣母庙楼架彩画

⊙层叠的民居院落

⊙民居

⊙千年古树(柏抱桑榆)

村子位于深山秀水之中，气势恢宏

灵泉禅寺

石碾

古柏与民居

巷道

巷道

举人院正房

⊙民居大门

⊙门楼

⊙正房

巷道

村落随地形变化

石碾遍布村子

⊙民居

西井峪村

1. 村落概况

西井峪村位于天津市蓟州区北部山区，距城区2.5千米，明代成村，是抗倭名将戚继光的副将周玉基的故里。在一次激战中，周玉基阵亡。周玉基的家眷自通州迁来为其守陵，在此安家落户，世代繁衍，渐成村落。因四面环山似在井中，冠以“西井峪”之名。

西井峪村是我国第一个国家级中上元古界地质标准剖面自然保护区南端的起点，保存有18亿年前形成的岩层断面。村落依山而建，是名副其实的“石头村”，街巷中，石头房、石头墙随处可见，因其独特的建材和“五景十坊三十院”的布局，2010年被评为第五批中国历史文化名村，2012年被评为第一批中国传统村落。

2. 村落形态

西井峪村坐落在石山之上，林木葱茏，盛产蜜梨、柿子、核桃等，尤以蜜梨闻名遐迩。西井峪虽与繁华的渔阳古城隔山相望，但这里的人醉心于躬耕生活，山坡上的梯田保存完好，至今仍发挥着作用。

西井峪村有主村、后寺、下庄子三个居民点，因其自身的石头特色，原貌保存完好。主村内有三条大街自西向东延伸，其他小巷蜿蜒曲折，相互贯通，沟通南北。村庄整体环境依然保持村落形成时的风貌，具有重要的历史、文化和艺术价值。

西井峪村的道路网由南上坎、前当街、后当街三条主街和若干小巷构成，部分路段和边沿铺设石头。有的房前小巷因落差较大，采用石头垒铺，呈阶梯状，幽深宁静，与两侧朴素淡雅的色调相协调。所有街巷就势而成，高低错落，宽窄不一，大多沿山体呈弧形。

3. 建筑特色

（1）民居院落

西井峪村的民居多为石木、砖石结构，青石灰瓦，就地取材，由山上开采的石头垒砌而成，且多为清末民初的老建筑。院墙以片石“干摆”居多。多数农家院分为前后院，前院出门楼（或稍门）、东西厢房与正房围合，西南角有茅房、猪圈，东南角放置农具。各房之间有石板路相通。正房多为三间，明间为穿堂兼灶间，厢房两到三间不等。后院为柴房（现在石房翻新，大多采用红砖，在表层贴上石板）。

（2）历史环境要素

西井峪村除民居建筑外，周边环境更有特色。主要有以下景观：

穿云洞位于村庄西部，是村民祖祖辈辈进出村子的必经之地。沿洞前石阶而上，乃见若干石桌石凳和刻有“西崖晚眺”字迹的石碑。极目远望，但见层峦叠嶂、乱云飞渡。

“万卷石书”为村东北一处约8亿年的石壁，高达10米左右。岩层裸露，一层叠着一层，犹如一本石书，记载着地球的沧桑巨变，堪称旷世奇观。

太白仙居位于村庄西北部，诗仙李白当年云游至此，见断崖幽洞既奇且怪，饮酒作诗，遂留下“燕山雪花大如席”的千古绝唱。

村庄东部入口有座福禄寿石像，对面为一水池，名“福水”。池子东侧是石块垒砌的“寿山”，山上有一个3米左右的长方形石槽。此景点即为“寿山福水”。

（3）石磨

村内有四座石磨，直径约1.5米，磨上有石碾，至今保存完好。村民喜欢用石磨加工粮食，认为磨出的谷物更加香甜。

4. 民风民俗

西井峪村至今保存着众多传统手工技艺，让几近失传的民间瑰宝在这里寻找到生长发育的沃土，最出名的有皮影坊、草编坊、缝绣坊、泥人坊、奇石坊、老磨坊、煎饼坊、菜干坊、漏粉坊，其中皮影坊（皮影世家）更是被广为称道。草编坊被定为展示手艺的作坊，这里的草鞋、草帽、提袋等，精巧别致，让人爱不释手，足见主人的高超技艺。

村中心广场

石头垫铺合的院落

⊙民居正房

⊙重新整修的民居

⊙民居厢房

⊙民居

整修后的民居

⊙道路由石头铺就，呈阶梯状，幽深宁静

⊙民居正房

⊙民居里的百姓生活

一幢民居

巷道

⊙民居正房

⊙片石山墙

⊙民居

⊙院墙以片石“干摆”居多

⊙石碾子

村景

鸡鸣驿村

1. 村落概况

鸡鸣驿村位于河北省张家口市怀来县城西北18千米处，东邻盆儿窑、西八里和小营村，北与宣化区赵川堡相连，西接下花园区，南至闫家坊村，西南与涿鹿县张家堡乡接壤。京张高速公路紧邻村庄，在村域东部有出入口。110国道、涿下公路（省道）穿村而过，交通便利。

鸡鸣驿村由鸡鸣驿城发展而来。鸡鸣驿城号称“极冲”，因驿设城，以驿名定城名。鸡鸣驿所处的驿路（现南官道），早在春秋战国时期就以“上谷干道”闻名于世，秦朝整治为“直道”。汉代扩展为“古北平西北干道”。各朝代的扩展延伸，使之成为东经居庸去燕、冀，西至大同、新疆，南通飞狐、紫荆关，北达库伦、俄罗斯的政治、军事、商贸的必经之路。元代初年在这里设立“站赤”和“急递铺”。明永乐年间（1403—1424）再设驿站，且因鸡鸣山而得名，为宣府进京的最大军邮驿站。乾隆三年（1738）驿城大规模维修，在东垣外新筑护城石坝一道。民国三年（1914）北洋政府撤销全国驿站，历时五百多年的驿城历史宣告终结。驿城逐渐衰变为村落，村名鸡鸣驿，隶属宣化县。民国三十七年（1948）鸡鸣驿划归河北怀来县管辖。随着村庄人口增多，人们不断迁出驿城居住，逐渐形成现在的村落形态。

鸡鸣驿村是目前国内保存最好、规模最大、最富有特色的邮驿建筑群。1982年，河北省人民政府批准鸡鸣驿村为省级文物保护单位。2001年，国务院批准鸡鸣驿村为第五批全国重点文物保护单位。2003年和2005年，鸡鸣驿村两次被世界文化遗产基金会列入100处世界濒危遗产名单。2005年，鸡鸣驿村成功入选第二批中国历史文化名村名录；2012年，入选第一批中国传统村落名录。鸡鸣驿村在古代建筑史、交通史、军事史，乃至世界邮驿史的研究上，都占有极重要的地位。1995年，我国专门发行鸡鸣驿邮票。鸡鸣驿是中国古代邮驿、军事、交通历史变迁的缩影和见证。

2. 村落形态

鸡鸣驿村坐落于怀涿盆地西部的鸡鸣山东南山麓，三面环水、北面临山。周边耕地为东西沙河冲积地带。鸡鸣山是塞外最高的孤山，有“飞来峰”之美称，历代帝王多有登临。自城内望去，孤峰参天，草木葱郁，平坦顺畅的驿道、连绵远山与雄浑古朴的城墙相得益彰，形成“田园—村落—河流—山川”关系，构成一道极具关外风情的景观。

村庄从驿城发展而来。鸡鸣驿城近似正方形，占地面积约0.21平方千米。设东西城门，上筑越楼。四面墙体均筑墙台，北墙正中建玉皇阁，南墙正中筑寿星庙，城四角分筑角台。东西城门外还建有当地称为影壁、瓮城的挡水墙。

全城围绕邮驿功能布局，有东西向大街3条，分别称为前街、二道街、后街，由南到北依次排列。在距东城门80米处和离西城门113米处各有南北向街道一条，分别称为东街和西街。城内紧靠城墙内侧有宽约5米的环城道，另有5处马道可以登上城墙。前街是军政区，中心部位是驿丞署、把总署，日杂、杠房、花纱、酒店、面食店、酿造作坊等服务性建筑分布于街道两侧；西街是驿站设施区，中心建筑是公馆院、大小马号和马神庙、龙神庙；东北区是驿仓区，管理、住宿、换马、粮草供应、辅助服务等不同设施彼此呼应；正北区是驿学区。合理实用的布局形成以驿站功能为主，各种辅助性和服务性设施为辅的综合性、全功能性驿城。

南城墙外宽约5米的南官道，与城内道路系统内外呼应，驿城紧贴驿道，随着驿道地势向西北方向倾斜。相连东西城门的前街位于城南端（距南墙70米，距北墙380米）。城内的主要设施也相对偏南。顺着驿路的方向设东西二门，一方面是由于驿城位于瓶颈部位，另一方面也是它作为鸡鸣山防御系统的组成部分。东城门向东北方向倾斜30°，西城门向西南方向倾斜30°，连接城门的前街也略有曲折，大致成“Z”字形，减缓了西北风对街道的侵蚀和影响。

驿城街道布局不拘一格，两侧建筑错落有致。不同的街道在交接转弯处和尽头均设计了对景建筑，行走其中，可让人充分领略到古代城镇布局的巧妙。城内所有的街道多呈不规则的弯曲形状，空间富有变化。历史上主要街道的路面铺设石板，其余街道为黄土路面。

前街宽约9米，是城中最重要、最宽阔的街道，当年最为繁华。驿丞署、把总署等重要行政机关即建在此街。两侧分布酒店、当铺、面食店、日杂店、花纱店等商铺和关帝庙、财神庙、城隍庙等祠庙，以及戏台、酿造作坊、民居等。

西街宽约8米，连接南北交通。鼎盛时一侧分布着驿馆、普渡寺、龙神庙、白衣观音殿、三官庙及附属的虫王庙、河神庙等小庙，另一侧散落着财神庙、三义庙、马王庙、马号、阎王庙等。

东街两侧主要建有泰山行宫、文昌宫、永宁寺和东大仓等。众多宗教建筑虽位置分散，却也是经过了精心的规划布局，比如关帝庙与财神庙，文昌宫与马神庙，马神庙与龙神庙均形成了明显对称关系。

3. 建筑特色

驿站是古代一种特殊的建筑类型，鸡鸣驿以“城”的形式出现，是目前国内保存最好、规模最大、最富有特色的邮驿建筑群。城中绝大多数建筑是单层坡顶平房，灰色抹灰屋面和土坯墙，色调和谐统一。单体建筑造型丰富，屋顶有歇山、悬山、硬山等形式，建筑装饰朴素，在一些重要建筑的门楣、山墙墀头等处有精美砖雕，手法高明，栩栩如生。各类建筑特色鲜明，如城门高大雄奇，衙署威严堂皇，马号开阔气派，文昌宫静谧肃穆，龙王庙热闹亲切，商号店铺便利，民居大院宽敞舒适，体现了古代建筑工匠的高超技艺。

（1）民居院落

鸡鸣驿城内有民居院落400多处。院落是驿城空间序列的基本组成单位，其形态、规

⊙前街

⊙二道街

⊙东城门

⊙公馆院

戏台

驿馆

⊙戏台壁画

⊙泰山行宫壁画

泰山行宫

文昌宫

文教昌明

⊙指挥署

⊙古堡的出入口南城门

马王庙与财神庙

真武庙

“丰“字形布局

赵家大院

前东巷

⊙真武庙

⊙戏台

⊙邓家大院东厢房

⊙桃木门窗

前东巷

白家大院

⊙财神庙

⊙后西巷

赵家大院

马王庙

⊙真武庙

⊙城墙

⊙佛殿

⊙戏台

⊙马王庙

⊙赵家大院

浮图村

1. 村落概况

浮图村位于蔚县下宫村乡东南4千米处的玉泉山脚下，北距蔚州古城10千米，属山前丘陵区。村南有广阔的天然森林区，绿色植被覆盖广阔，被称为蔚州的林果之乡。

浮图村历史悠久，是一处完整保留着明清格局的古村落。早在新石器时代龙山文化时期，村南的玉泉山脚下便有人类薪火相传。元太祖十七年（1222）飞泉观改为“观移寺”，道教在山脚下另建三清观，并在观内建六角形七层石塔一座，塔又名浮图，从此浮图的村名就出现了。另有一说村名源于佛家“救人一命，胜造七级浮屠”。

浮图村选址有效利用地形，免遭山洪暴发的冲击，体现出一定的科学性。至今保存着由南北二堡、东西两庄和南壕连接玉泉寺形成的凤凰展翅格局，俗称凤凰堡。现存建筑大多为明清、民国时期建造，建筑类型较多，有民宅、戏台、庙宇、堡门等。古堡北部中轴线上庙宇等级颇高。浮图村整体格局和各种类型的文物建筑，从一个侧面反映出明清、民国时期的政治、经济、社会和文化状况。

2. 村落形态

村庄位于玉泉山下东西沟涧之间的丘陵台地上，地势南高北低，是塞外与中原的通商要道。村南为玉泉山，西为萝山山脉，东为横亘十多千米的翠屏山。

浮图村堡称“凤凰堡”，南北堡的布局形态极似一只展翅欲飞的凤凰。北堡堡垣平面呈长方形，周长600米，南北一条中轴线主街道，与南端东西大街呈“丁”字形相交。主要公共建筑沿南北大街分布，最北端堡墙正中筑高台，上建玉皇阁，阁下建灯山楼。主街正中通衢处建文昌阁一座。东西大街两端的堡墙上各开堡门一座。南堡平面呈长方形，周长530米，开东西二门。堡墙正中建真武玄帝宫，南墙正中建戏楼一座，与北部真武庙遥相呼应。南墙外为堡壕，是南堡的一道屏障。

北堡的南北街为南北向主路，长约350米，宽约5米，与东西大街构成“丁”字形主街，与其他六巷构成“王”字干线。沿主轴线分布着文昌阁、古戏楼等，两侧建筑传统风貌保存完整。东西街长约310米。宽约5米，两端为东西两个堡门，两侧为传统四合院。街道两侧传统风貌保存比较完整。

南堡的南北街为南北向主路，长约300米，宽约5米，与东西大街呈“十”字形分布。两侧为一层传统四合院，南端为古戏楼，北端为真武庙遗址。东西街贯通南堡东西两个堡门，长约310米，宽约5米。两侧为传统四合院，传统风貌保存较为完整。

3. 建筑特色

（1）文物保护单位

浮图村南遗址是蔚县重点文物保护单位，是古人类聚居地，在第二次全国文物普查时被发现。遗址分布在玉泉山北麓半山坡上，面积近10万平方米，主要为新石器时代仰韶文化、龙山文化和夏商文化。曾出土石铲、打制燧石器、红顶钵、三足鬲、细绳纹灰陶盆等，陶器有红、灰二种，均为手制。

玉泉寺又名飞泉观、观移寺，为蔚县文物保护单位。寺位于玉泉山脚下，为蔚州第一名胜。寺坐西朝东，占地面积650平方米，主要建筑有前、中、后三座大殿及东西地藏殿和钟鼓楼。寺东隔深谷建戏楼与寺对峙，寺院北为读书楼、魁星楼、禅院、僧寮。现存古石碑五块。明末清初魏象枢，雍正年间李周望曾在玉泉寺读书，又称玉泉书院。

（2）历史建筑

文昌阁　位于北堡南北大街中心，下为通衢街道，鼓楼墩基三伏三券，南部东侧辟券门，可通二楼，二楼为单檐硬山布瓦顶，面宽三间，进深二间，三架梁前后各出单步廊，梁架保存有“旋子彩绘”。楼内石碑记载：文昌阁原名鼓楼，仅有门洞墩基，建于明代，清朝雍正二年（1724）在墩台上增建文昌阁一座。

花场　位于北堡丁字主街南端倒座戏楼对面，丁字街东北转角处，坐北朝南，单檐四檩卷棚布瓦顶，面宽三间，进深二间，是蔚县唯一幸存下来的花场。明清戏剧繁荣，众多的古戏楼对面建有看台、看棚、勾栏瓦肆，或用绳索临时围护，主要是在戏剧演出时将台下男女分区隔开，而位于后部的均为女场，用花勾栏或绳索围护，男人不得向后观望。该花场对研究明清梨园舞台及民俗民情有十分重要的价值。

南堡古戏楼　戏楼为清初所建，位于南堡十字街南端，坐南朝北，为单檐六檩卷棚布瓦顶，面宽三间，进深二间，石砌台阶，前檐额枋木雕龙首撑拱。

双钟寺　双钟寺位于西庄东西街南侧，以寺内双钟得名，又称西庙、倒座观音殿。双钟寺坐南朝北，为清初风貌。现存一进院落，北墙正中为砖雕山门，门楣下刻砖匾“紫竹林”，山门左右为四柱悬山顶钟楼。院内正南为正殿三间，两侧各有一耳房，正殿单檐硬山卷棚布瓦顶，五架梁前出单步廊，人字叉手，金步装修。明间置六抹万字落地木隔扇，次间置码三箭坎窗。两山墀头置“缠腰马头”，砖雕“岁寒三友”。东西耳房前坎墙上分别镶卧碑一块，为清朝乾隆四十七年（1782）、乾隆五十年（1785）捐地、施地碑。

古民居　住宅一般为套院形式，三檩硬山广亮大门楼，大门内为砖雕“座山影壁”，长方形平面，抬梁或穿斗式木构，以青砖包土坯为墙体。住宅庭院宽敞，利于住房采光。建筑装饰重点在砖雕上，木雕亦不乏上乘之作。

卢贵东宅　北堡古民居的代表，典型一进四合院。正房一层，梁柱结构，硬山单檐四檩卷棚顶，青砖包土坯墙，用材宏大粗壮。门窗大，采用步步进窗棂格，采光良好。东西厢房一层，二间，单坡灰瓦顶，门窗敞亮。南房倒座面宽三间，硬山单檐四檩卷棚顶。

⊙文昌阁立面图

⊙文昌阁

⊙北堡古建筑群

⊙北堡 5 号巷

卢贵东宅

张清熙宅

宋银宅

⊙北堡东堡门

⊙北堡东堡门

⊙民居正房棚装饰

⊙门楼墀头砖雕

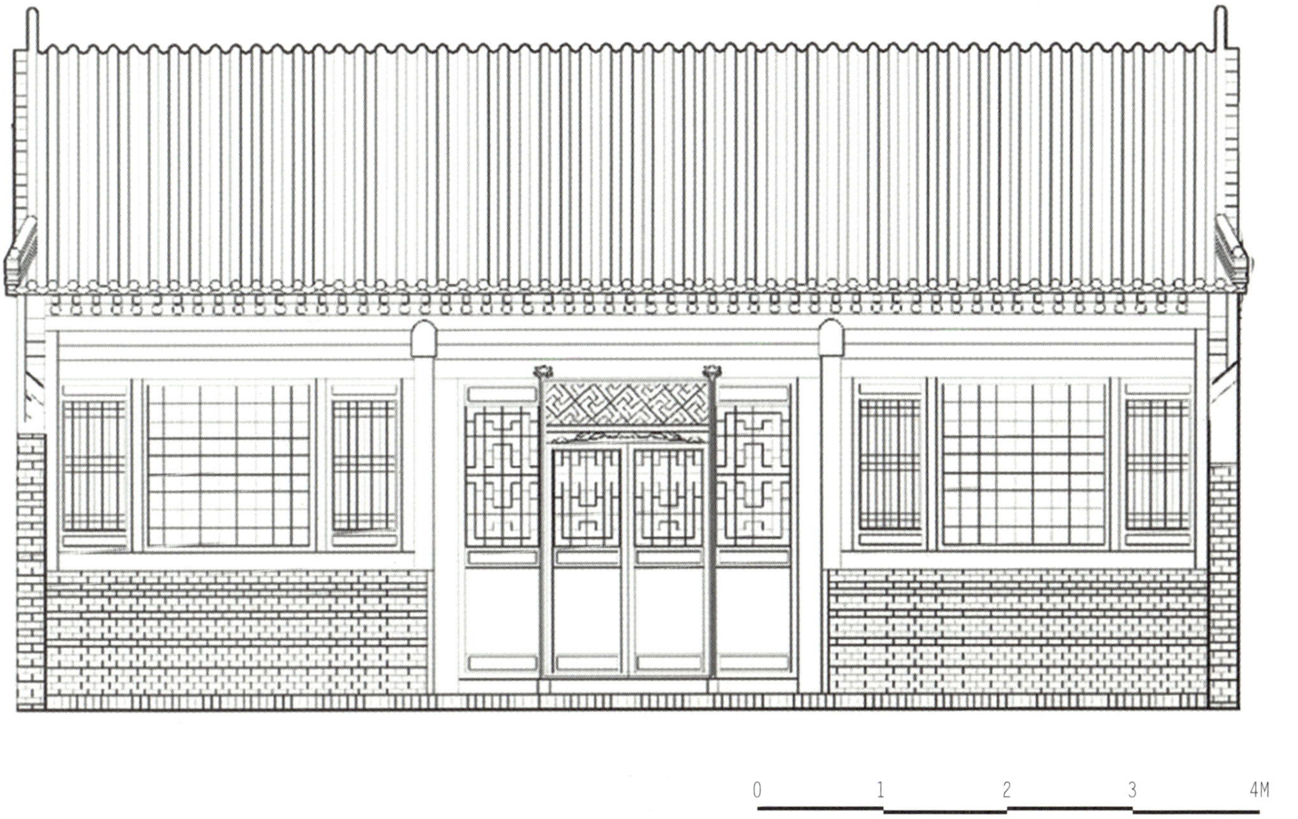

⊙浮图村经典民居正立面示意图

⊙张清熙宅

门楼

杨顺义院

民居内景

天主教堂

天主堂
IHS

⊙教堂的墀头砖雕

⊙教堂的墀头砖雕

⊙教堂大门

⊙天主教堂内景

⊙哥特式风格的天主教堂

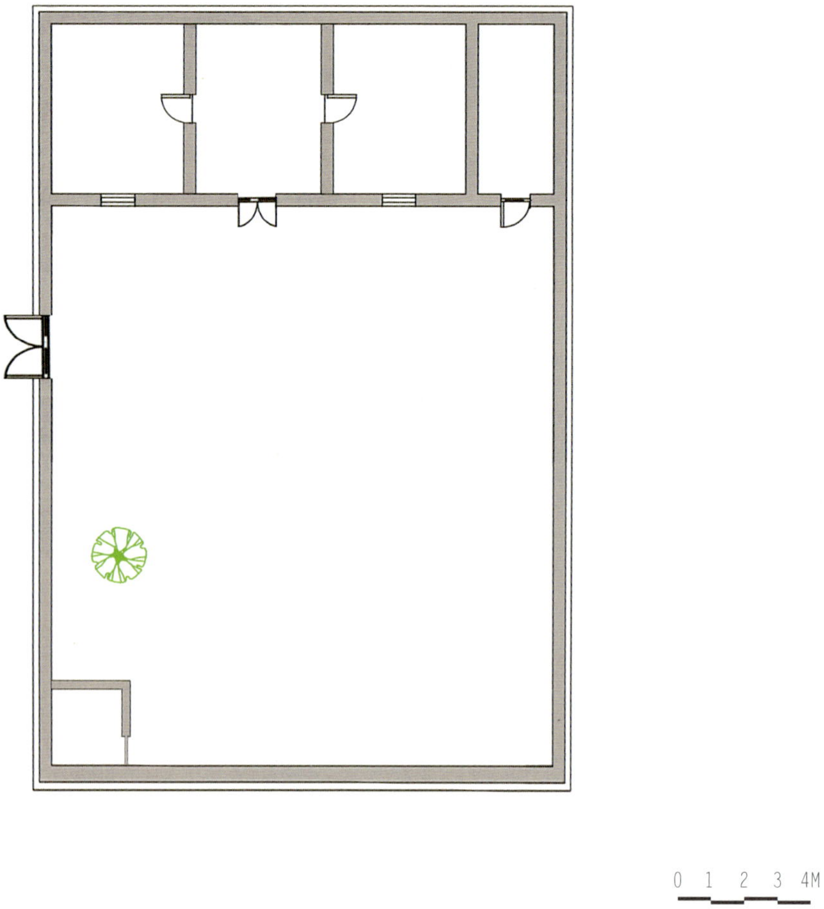

⊙李大友院落平面示意图

⊙李大友院落主房正立面图

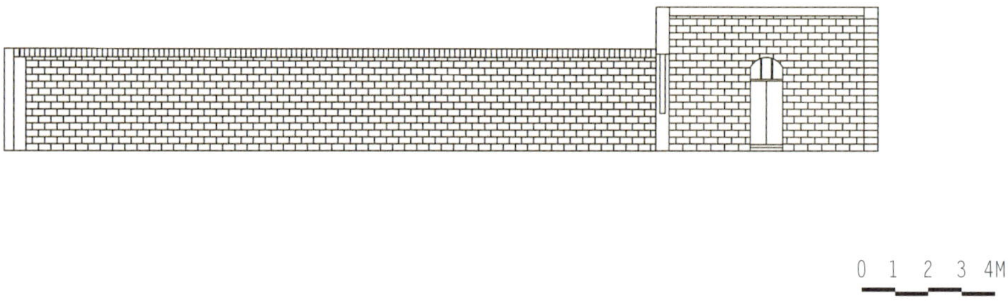

⊙李大友院落剖面图

⊙李大友院

⊙五孔四券石拱桥

⊙桥身护栏石雕

⊙桥身护栏石雕

⊙桥身护栏石雕

⊙桥栏佛造像

⊙雕刻生动的狮子

⊙桥栏望柱上造型各异的石狮

⊙桥身石兽雕刻

⊙桥身料石由铁榫相连加固

石桥桥面的历史痕迹

照壁

单桥石桥及滹沱河故道

五孔四券石拱桥

大梁江村

1. 村落概况

大梁江村位于石家庄市井陉县南障城镇，处晋冀交界的太行山腹地，西距井陉县城28千米，东接小梁江，西邻王家岭。大梁江是井元（井陉—元氏）公路的起点，西距307国道及石太高速旧关入口5千米。大梁江村在明代时属山西省太原府平定州承天都管辖，因桃树众多而命名为“甘桃村”。明万历年间（1573—1620），山西平定县城西棋盘街一梁姓人家迁来此地定居。后又有梁姓人不断迁入，清中期，梁氏出了武举人，自此梁家成为本村望族，遂改村名为大梁家。由于自然原因，该村自古水源奇缺，人畜饮用及粮食耕种皆靠天降雨。大梁江的村名即源于人们对水的珍惜和对雨水的企盼。

大梁江民居以明清两代为主，集中成片，共有162座完整的四合院落，房屋3000多间。房屋建筑以石头作为主要材料，石头房屋与青山相辉映，隐藏在群山环抱之中，是一个完整的山区古村落。全村到处都展示着石头文化，最具代表性的是四合楼院、月字院，标志性建筑有武举大院、梁氏宗祠、古戏楼等。2008年大梁江村被评为第二批河北省级历史文化名村，2010年入选第五批中国历史文化名村，2012年被评为第一批中国传统村落。

院落兼具北京四合院和山西民居双重特色。一是外墙高，有很强的防御性。墙壁都为石块砌成，普遍厚达1米，其追求的功能为坚固耐用和防御，也具有更好的保温作用；二是房屋多为单坡顶，雨水都向院子里流，也就是“肥水不外流”；三是当时大梁江村的晋商在北京经商，晋商生意发达以后回到家乡买房置地，由于受北京四合院影响和山地地形限制，院落多为东西窄、南北长的纵长方形，院门多开在东南角。

2. 村落形态

大梁江村在群山环绕之中，村庄北部有太行山一脉的三条分支，大梁江村位于中间分支上，其所处环境注重“纳”与“藏”，即村落的主要入口方向相对开敞。村庄选址坐北朝南，负阴抱阳，即背靠祖山，山上植被丰茂，村庄前面有甘桃沟，水的对面还有一座对景山——案山。建筑选址顺应自然，依山就势，减少对地形的破坏。大梁江村靠山，山围村。南山坡上的丛林，郁郁葱葱。每逢深秋，南山红叶烂漫，层林尽染。古朴的村落民居、恬淡的山乡生活与如画的山野景色交相辉映。

大梁江村位于太行山深处向阳、背风、祥和的小盆地之中，“不到村口不见村”。因其位置偏僻，受战乱等影响较小，古村落得以完整保存至今。大梁江村三条主要街道由村口沿东北向山上延伸，使整个村庄呈手掌形状。三条主街中间穿插五条巷子，高低错落，纵横交织，奠定了古村落的空间形态基础。

村庄道路网由三条街和五条巷子组成，总长3700多米。按照处于山坡的位置分为下街、中街和上街。上街形成于清代，保存较好，长约160米，两侧多为清代建筑；中街形成于明代，长约410米；下街形成于清代，长约410米。路面青石大小不等，形状各异。

3. 建筑特色

（1）民居院落

村中院落以石头四合院为典型，按照院落布局形制分为日字院和月字院。日字院指院落北面为正房，东、西两侧为厢房，南面为大门和南房。正房中间为客厅，左右两间为长辈居住的卧室，东西厢房子女居住，南房多为储藏室。四合楼院是典型的日字院，多建于明末清初，三面是楼。正房下层为石券洞室，高大宽敞。登上石阶，即到正房楼上，正中为四扇花棂木门，两根明柱分立左右。门口前面有几十厘米高的短墙，短墙上装花棂窗扇。中间院落前窄后宽，呈倒“八”字形，小院内全为青石铺砌。宅院大门开于院落东南角，上有门楼，下有门洞，门槛两侧是石雕门墩。门外有拴马石、上马石。两扇黑漆大门嵌门钹和门环，门板上横着四行圆钉。月字院是当地一种独特的院落格局，按照阴阳学说，北门是白虎，而“月”字宅北面无房，南屋是主人居住的正房。为了防止白虎伤人，主人在门口做了一个屏风（木门）来挡住白虎。这扇木门只有女儿出嫁时才打开，平日里都关闭着。

武举大院 俗称“一宅九院”，位于中街东南部，占地6000多平方米，大门上悬挂着“武魁”匾额。武举人名叫梁深，清乾隆三十三年（1768）中举。据梁家第十六代传人梁世英说：“梁深是第九代。那时是‘一宅七院’。梁深中举回家后，在父辈院落的旁边建了两处宅院，形成‘一户九院’格局。”武举大院是大梁江村最豪华的四合院群落，依北高南低的地形顺势而建，气势威严。房屋百间，院中有院，院里有楼，楼上有楼，楼顶有院，楼能通楼，院能通院。家家有门，彼此相通，可从一家进而贯穿全院。房屋以石材为主，辅以砖木，硬山双坡顶。木质门窗，花纹精美。大院形成一个完整的排水体系，主干道全长约300米，汇到南面大院的桥窟窿排出。

梁启良宅（月字宅） 位于中街西北部，明代建筑，一进院，建筑面积260平方米，子午向，正阳门，垂花门楼，整体石砖木结构。与武举大院“前窄后宽”的院落明显不同，一楼不再建造石券窑洞。正房戚位，上下一体，东西楼房互配，房屋布局明确、高低对称。建筑为双坡硬山屋顶，砖木、石雕集于一体。屋脊、梁柱、栏杆和门窗都讲究雕刻装饰，表达了大梁江能工巧匠们的精湛技艺和深厚的文化底蕴。

梁玉兴宅 明代建筑，典型的一进日字院。子午向，正阳门。正房前有七级青石台阶，东西厢房对称分布，五间上房。建筑为双坡硬山式屋顶，建筑材料以石头为主，除了石头外，还有当地烧的青砖，建筑结构采用叠梁式木构架支撑。墙上安装着花棂窗扇，木质门窗，木雕精美。院落南北长，形成开阔之势，院内青石铺地，正对正房有影壁护栏相对，木雕砖刻装饰华丽，彰显文化韵味。

（2）村阁

在村落入口处，有阁楼一座。阁上东西拱券正中石壁上分别镌刻着“襟山带河”“接脉通全”八个大字。“接脉通全”寓意这阁楼恰恰把两座山梁连接了起来，吉祥发达；而“襟山带河”指村庄背靠的山脉如衣襟，面对的甘桃沟如玉带，代表大梁江山河壮美。几何图案中心是一个威风凛凛的麒麟。

（3）关帝庙

位于中街与下街的相交处。庙内有一座保存完整的建庙碑，碑文上记载了当时大梁江村建村方略和村落方位布局等内容。庙墙上写着一个“贪”字，传说贪为怪兽，吃金银还想吃月亮，但因天高够不着。寓意子孙不论职位高低，贫贱富裕，不能贪图钱财。

（4）古戏台

位于五道庙旁，建于清乾隆二十年（1755），坐南朝北。戏台的墙体由青砖砌筑，楼顶筒瓦披檐，用4根整块的石条作为戏台的支柱。石柱上两副对联，一联曰“不真不幻水中明月镜中花，可删可存格外文章圈外注”；另一联曰“虎节龙旌喜看蜃楼景色，莺歌风管欣听月窟音声”。

4. 民风民俗

建筑考究的戏楼，历史悠久的晋剧，使古村落充满着浓郁的文化气息，并向人们展示着传统艺术曾经的灿烂与辉煌。每逢节庆、庙会，这些乡村艺术团就会在当地巡回演出，洋溢着浓厚的山村乡土文化。目前活跃在村中的主要有戏剧、拉花、社火、高跷等。同时，还会有十分专业的乐队在喜庆之日演奏传统或时尚乐曲，穿行全村，娱乐村民。

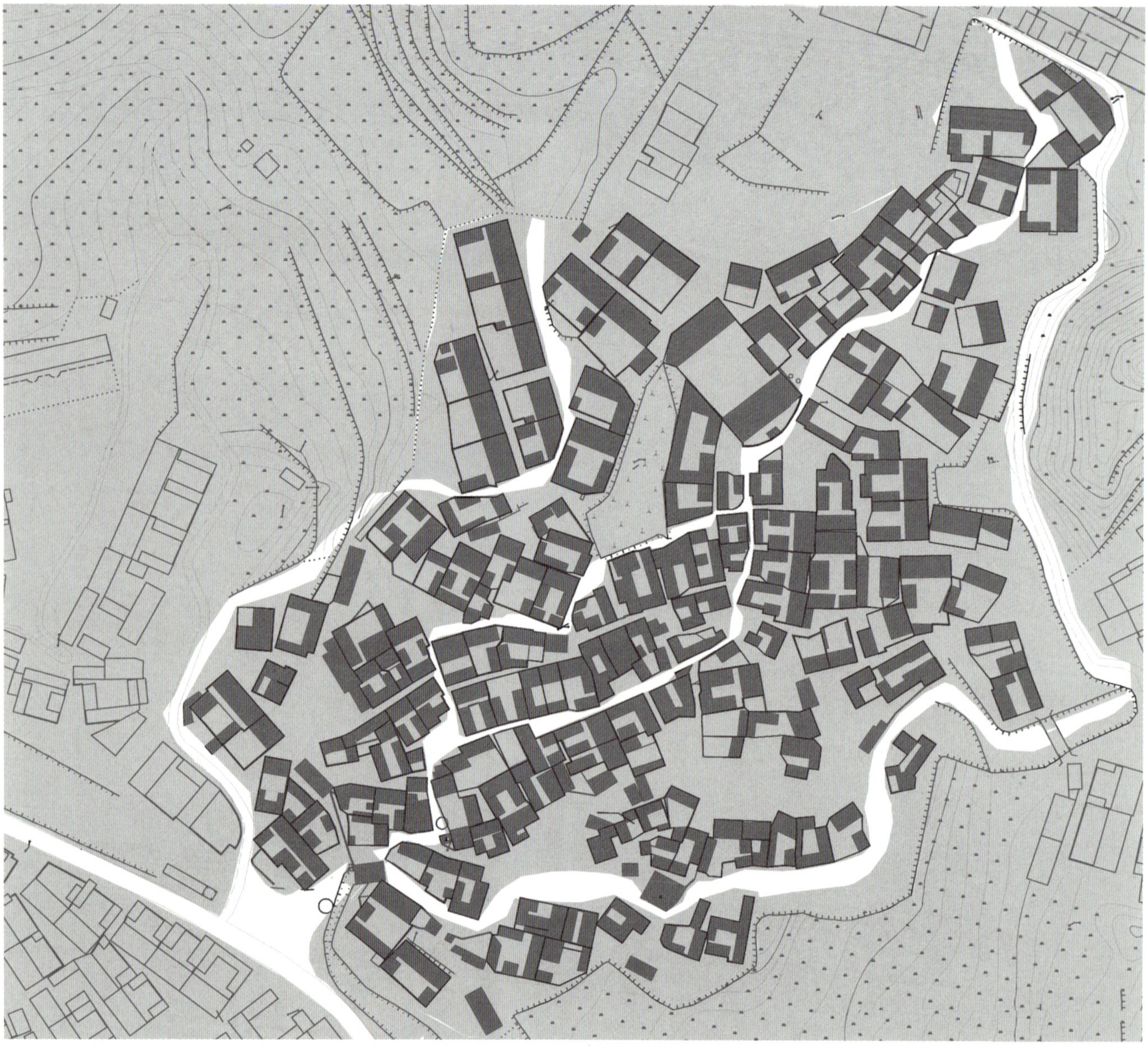

⊙大梁江村平面图

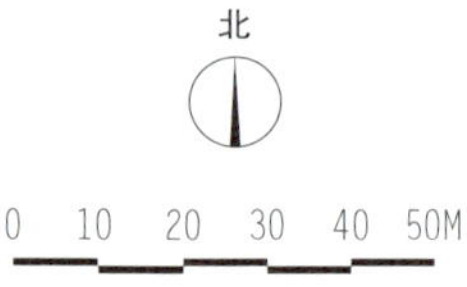

⊙群山环绕

⊙石头房与青山交相辉映

上街

中街

下街

武举大院

梁玉兴宅

⊙石碾

戏台

民居院落

民居

民居群

武举大院

武举大院照壁砖雕

武举大院天井

楼阁

⊙土地庙

⊙民居内景

民居群

楼阁

梁氏宗祠

⊙清凉阁

清凉阁

清凉阁对面的戏台

真武庙

真武庙天井

真武庙前殿

真武庙庙门

巷道

全神庙

戏台

双角阁戏台

⊙街巷

⊙于氏宗祠

⊙于氏宗祠

⊙于氏宗祠天井

⊙观音阁

⊙观音庙内神像

4. 民风民俗

历史上小龙窝村曾建有三座戏楼，而活跃在戏楼上的是以小龙窝村村民为主的晋剧团，从最初的组建发展到现在，大约已有300年的历史，是井陉县十分有名的“戏窝子”。教唱的戏目以晋剧为主，包括《三娘教子》《断桥》《高平关》《斩黄袍》《打金枝》《唐寅杀妻》《花子拾金》等，没有整本多为片段。每逢节庆日和庙会，晋剧团都会在该地巡回演出。

⊙小龙窝村平面图

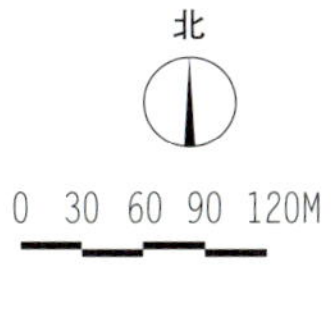

⊙龙窝寺遗址

⊙民居

宗祠

戏台

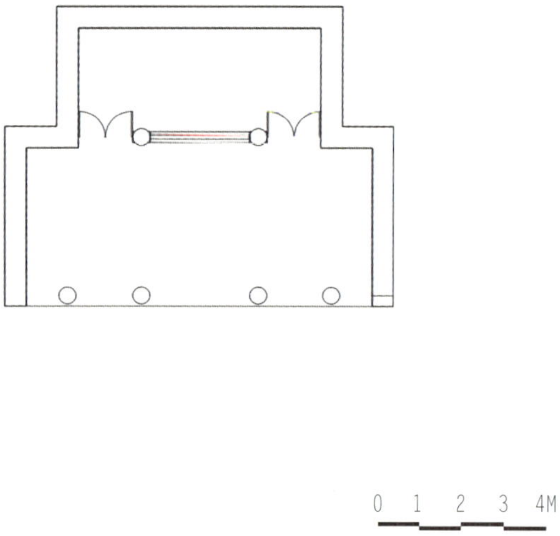

⊙戏楼一层平面示意图

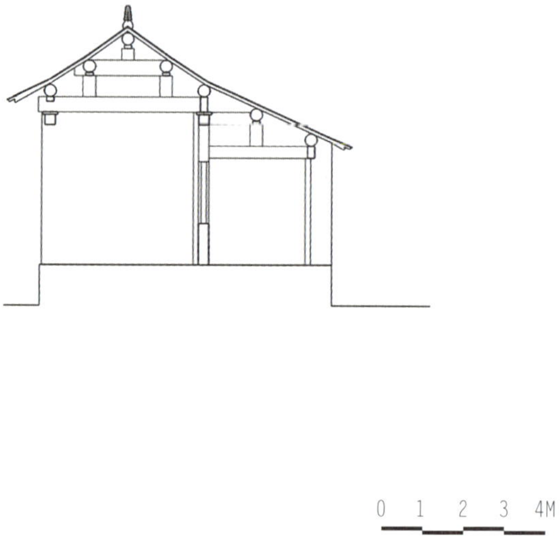

⊙戏楼剖面图

⊙戏楼现状

⊙巷道

礓䃰顶大院

礓䃰顶大院天井

礓镲顶正屋

神龛

礓镲顶大院天井

民居

观音庙与双龙桥

⊙民居

⊙司法科院落

滹沱河

戏楼

戏楼的卷棚屋顶

⊙棉纺厂外景

⊙棉纺厂院落

⊙棉纺厂大门

⊙棉纺厂大门院落照壁

棉纺厂院落

西巷

司法科大门外景

司法科院落天井

县署旧址

县署天井

⊙民居与石碾

⊙民居大门

“耕读第”门楣(张拴秀宅)

“谦受益”门楣

⊙张拴秀宅内景

⊙张拴秀宅外景

⊙民居与巷道

⊙民居天井

石券门

⊙民居与巷道

聂怀珍宅照壁神龛

聂怀珍宅内

⊙聂怀珍宅天井

⊙“武状元”宅

英谈村

1. 村落概况

英谈村位于邢台市信都区路罗镇，属太行山深山区，四周山岭环抱，主要有雾子垴、和尚垴，万亩山场古树参天。村庄距离邢（台）左（权）公路5千米，距邢台主城区70千米。

英谈村始建于明朝永乐年间（1403—1424），至今有600多年的历史。相传黄巢起义军曾在此安营扎寨，召开过英雄座谈会，故名英谈。明朝永乐年间，山西一路姓大户举家来此落户，目前的建筑多为清代咸丰年间（1851—1861）所建。

英谈村因位于太行山深处，位置偏僻，远离战火，且当地人另建新村，古村落完整保存至今。现存的寨门寨墙和高大宏伟的石质楼体、精雕细琢的门楼无不向人们诉说着英谈村昔日的辉煌。英谈村内外有纵横交错的河道，十余座古朴的石板桥将沿河院落与街巷衔接起来，一些院落跨河而建，形成“桥院”。英谈村处处展示着石头建筑的风采。建筑石材为当地红色石英砂岩，民居大多呈红色，依山就势，高低错落，代表了邢台西部山区民居的建筑风格。英谈村于2007年被评为第三批中国历史文化名村，2012年入选第一批中国传统村落。

英谈村有德和堂、中和堂、贵和堂、汝霖堂四大堂，涉及院落24处，房间509间。“堂”作为传统宗族社会的单位，由属于宗族的一个主要分支的家庭组成。四大“堂”是村落发展脉络和宗族文化的体现，属于一个堂的民居院落在建筑上是一个组合群体。

英谈村还保存着近现代历史的遗迹。“七七事变”后，当时的国民党河北省政府主席鹿钟麟曾将英谈村中和堂的“桥院”做过几天省府衙门。时任八路军一二九师师长的刘伯承也曾在汝霖堂居住，与鹿钟麟就国共合作事宜谈判。英谈村还一度是八路军冀南银行总部和兵工厂所在地。

2. 村落形态

英谈村三面环山，东面临河，山清水秀。英谈村的传统格局是经过多年演变而来的，人口增长、户数增加引起格局的不断变化。一条路和一条溪流，将后英谈、前英谈和东庄三个村庄有机地联系在一起。英谈村村庄平面布局和山势融为一体，较少人工痕迹。整体结构保存完整，从聚落到街巷再到建筑单体都保留了原有的尺度。村民生活在古老的石质建筑中，延续着几百年来的生活习俗。

英谈村历史街巷的特色是，石板路、石板巷蜿蜒迂回，纵横交错，有些路段是只能步行的石阶，皆为红石铺就，石块大小不等。街巷两侧是红石板院落，石墙石房与石街石巷相映成趣，房屋依高就低，顺势而建，与山水一起构成富有韵律和变化的街巷景观。

主街 主街从东寨门起，在村落中心分成两条，一条西延与山体相连，另一条穿过西寨门至村西未来桥。主街平行于山溪，自东向西地势逐渐抬高，采用石材铺地，宽窄不一，在2—3米之间。主街东段，南侧临山溪，北侧为高二至三层的石墙。建筑沿街连续，大都是拱形门洞或窗洞。主街两侧的院落都朝向主街开门，为街道带来丰富的变化。

河道 当地人称主街南侧的山溪为“座后沟”，十年前还是流水潺潺，鱼鳞闪闪，近年干涸后，大量速生植物占据了河床。溪上建有桥梁，连接两岸交通，还有跨越两岸的“桥院”。

南街 古村南部有一条与寨墙相依而行的石板路，从东寨门起，到西寨门止，为南部居民出行的主要通道。

巷道 由于房屋随坡就势，院落之间的狭小通道成为英谈村的一大奇观。两个院落间的小巷道宽不过2米，窄的仅有0.8米，石质台阶，步步升高。由于山势陡峭，巷道往往不是笔直向上，而是分为几段，略有错开，很多巷道彼此交织相连，不分彼此。两侧院落外立面为石墙，垂直如线。由于二至三层的建筑高度，且又是拾级而上，形成狭窄深远的空间效果，抬头便是一线天的景观，实为英谈村的一大特色。

3. 建筑特色

（1）历史建筑

英谈村主要有四大堂建筑群、冀南银行旧址、八路军铁匠铺以及具有一定保护价值的近30处民居院落。民居院落多为四合院，不是固定的坐北朝南，而是依地势、街巷、河道而建，形式丰富。堂院之间相通，易出易进。主房为二层或三层，其余配房多为一层，部分为二层，一层多住人，上层通常用作储物室。建筑全部为条形石头砌筑而成，多为红色，屋顶也是用红色石板铺就的。多拱形木质门窗，门窗形制较小，即使同一院落内门窗雕刻也样式不一。临街房屋四周墙体多设置石孔，用以通风或瞭望，具有防御功能。

（2）四大堂

据当地人介绍，路姓第五世传人路万富（1736—1795）为三个儿子立了堂口，就是路法贤的德和堂，路法圣的汝霖堂，路法尧的贵和堂。后路法贤又将德和堂的田产分给长子路全功一份，并为其设立了中和堂，德和堂由次子继承。由此形成了路氏家族的“三支四堂”。

德和堂始建于明末清初，两处院落，二至三层，共59间。路法贤在此居住。现挂“德和堂”标识牌的院落为四合院，主房、东西厢房为二层建筑，南房为一层建筑。主房高于东西配房，主房设两门，较为罕见。东西配房的门上设有门沿，为石板搭建而成。门楼位于院落西侧，石板搭建。院落用石板铺地，随处可见堆放的石板、石磨。堂前建有红石栅栏，颇具地方特色。

汝霖堂始建于明末清初，共有院落九处，房屋228间，占地约2872平方米，北方四合院建筑。当家人路法圣是清太学生。1940年，八路军总部、冀南银行印刷厂设在汝霖堂。彭德怀、左权、滕代远、刘伯承、邓小平等在此居住。正房与东厢房交接处有一长、高约3米的鱼形巨石，院落依石而建。东厢房建两门，其左侧小门紧邻巨石，顺着巨石穿越的门洞进去，可看见通向后山的石梯，人称“逃生梯”。汝霖堂门口的“为民立功”牌匾乃清代遗物，原是顺德府（今

村景

石碾与巷道

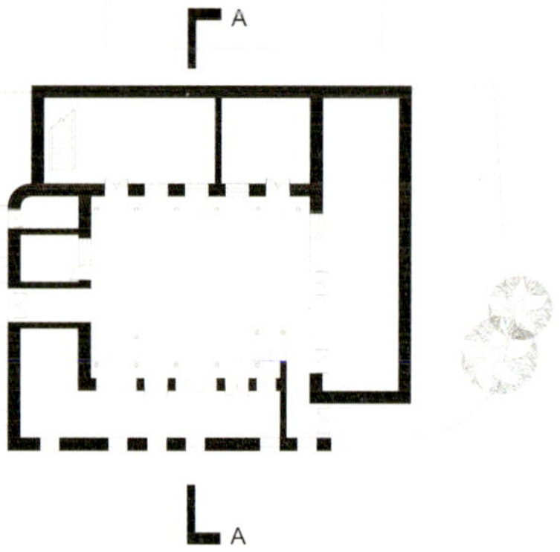

一层平面示意图

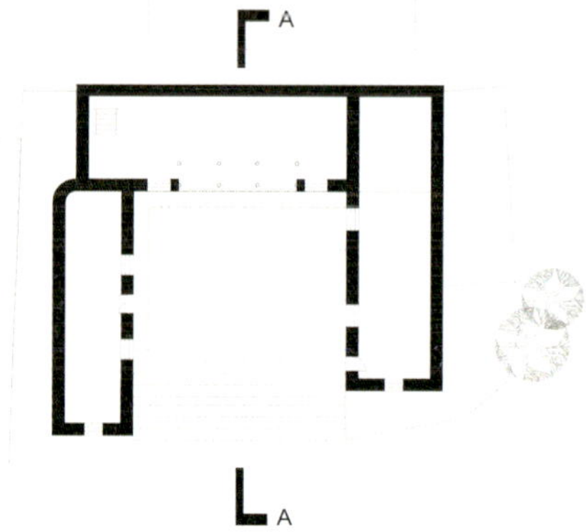

二层平面示意图

南立面图

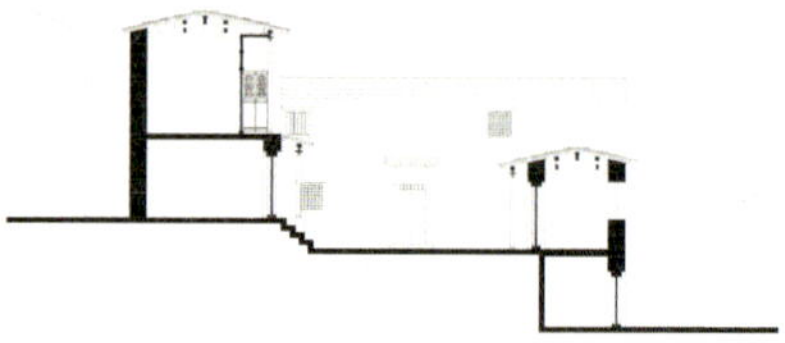

A-A 剖面图

贵和堂

贵和堂

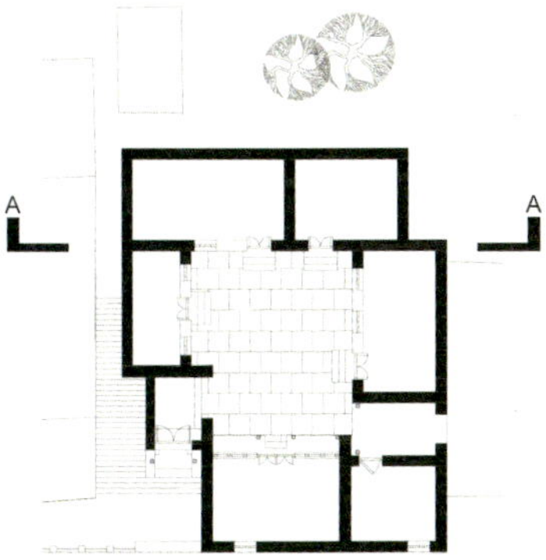

一层平面示意图

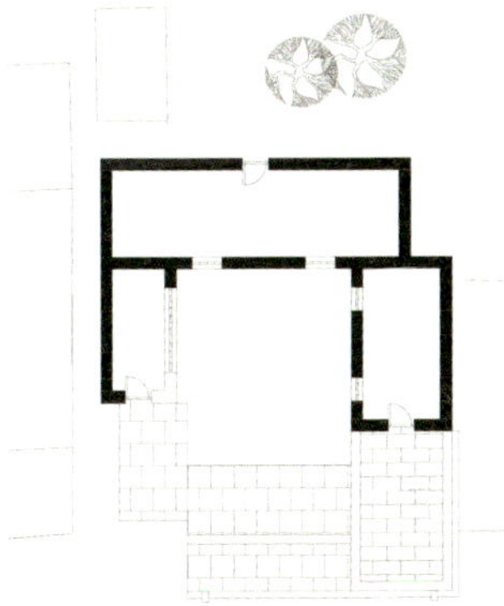

二层平面示意图

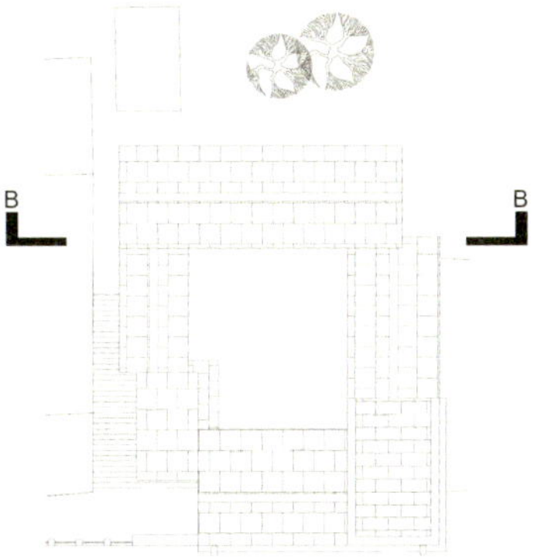

屋顶平面示意图

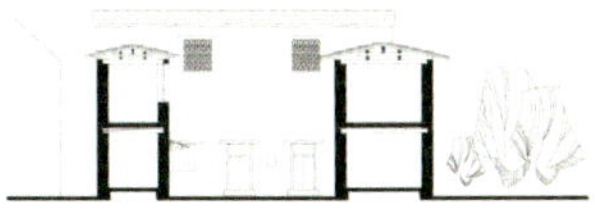

A-A 剖面图

南立面图

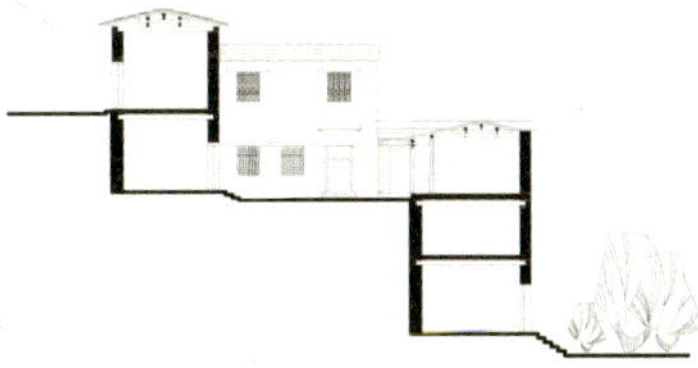

B-B 剖面图

⊙德和堂

⊙德和堂内景

民居

中和堂

汝霖堂天井

皇寺村

1. 村落概况

皇寺村历史悠久，据史书记载，该村始建于唐代。村庄位于邢台市信都区皇寺镇，处晋冀交通要道，自古以来都是兵家必争之地和物资集散地。皇寺村原名黄寺店，相传元顺帝曾在村内的玉泉寺留宿避难，故将玉泉寺改为皇寺，黄寺店也就改名为皇寺村，并沿用至今。

皇寺村青山绿水环绕，“千年古刹”玉泉禅寺坐落在此，寺前是号称“流不干”的玉泉池，“玉泉夕照”是明清时期邢台八景之一，现有150多座保存完好的古民居，有八座古桥。

2. 村落形态

皇寺村坐落于太行山下，村子三面环山，承接玉泉池水的金玉河由西向东贯穿全村，村庄整体为山环水绕的形态。古村庄主要分布在邢昔公路南侧，周围有棋盘山、雷公山。村内农副产品齐全，主要的农作物为小麦、玉米、棉花、油菜等，四周林草茂密，环境宜人。

皇寺村南依棋盘山，西靠雷公山，北临泰乌山，金玉河穿村而过，村落呈正方形格局。历史上皇寺村有东西南北四个村门，进出村落非常便捷。玉泉禅寺位于邢昔公路以南，其建筑宁静、安详。

皇寺村整体为块状方形，以十字街为主的街巷布局井井有条，现今仍保存了古时街巷的风貌。皇寺村内的老街主要为沙石路面，只有少数路段以石板铺设。道路两侧的历史建筑保存完好，临街的部分门楼和影壁以少量青砖加以装饰，并在上面雕刻出精美的吉祥图案。

3. 建筑特色

（1）玉泉禅寺

玉泉禅寺建成之年无从考证，自贞观年间（627—649）唐太宗下令重修，至今已有1300多年的历史了。因寺前有泉，泉水甘甜不断，故称玉泉禅寺。元世祖年间（1260—1294）多次整修，使其具有显著的元代特色。寺内现存三株唐代古柏，并有大量的碑刻。2002年9月，由净慧法师带领僧团接管玉泉寺，次年投以重资进行修缮，整修宝殿，重塑佛身，保护碑刻，兴建僧舍，极大地彰显了玉泉禅寺的历史、文化价值。

（2）民居院落

皇寺村房屋和墙体多以本地自产的红石、红板石砌成，是典型的红石村。传统门楼为砖石与木结构组合而成，门楼上方的砖瓦都雕有各式各样的吉祥图案，大门外墙有精美的雕刻。

吕老牛宅　位于皇寺南街45号，一进三合院，占地约100平方米。院落使用红板石为建筑材料，房屋均为平顶。正对门口处有一影壁，用来供奉神灵，门窗形式较为单一，无雕花图案，具有典型的北方民居特色。

关宅　位于皇寺南街158号。一进四合院，主要以红板石和青砖为建筑材料，屋顶皆为平屋顶。房屋整体保存较好，院落甬道以石板铺就，面向宅院门口处有一座影壁用来供奉神位，院内门窗朴实无华。这里居住着三户关姓人家，这种大家庭一起生活的形式体现着中国传统的家族居住理念。

（3）历史环境要素

玉泉池是邢台市仅存的一口活泉，泉池直径30余米，深10余米，像一面大圆镜，古时池中有凉亭，可供避暑纳凉之用。

金玉河由西向东横贯皇寺，河上有古桥八座，分别为岳家桥、卧虎桥、东广济桥、西广济桥、王家桥、青龙桥、义济桥、平川桥，它们共同见证了皇寺历史的兴衰。这八座古桥始建于明清时期，用本地的青石砌成，有单孔拱桥、单孔石板桥、三孔石板桥等样式，桥拱中间有狮子头等形态各异的雕像，可见当时工匠的精湛技艺，具有很高的美学及历史价值。

⊙玉泉禅寺

⊙广济古桥

⊙广济古桥桥身石兽

古桥与石槽

石桥

⊙古桥

⊙巷道

⊙巷道

⊙巷道

墀头砖砾

墀头砖砾

古桥

砖雕

砖雕

古桥

⊙民居大门

⊙照壁神龛

⊙民居院落

⊙巷道

⊙巷道

双古桥

⊙巷道

⊙巷道

⊙石头建筑坚固、古朴

⊙古门楼

王计更四合院

巷道

⊙巷道神龛

⊙砖砌的脱谷机

民居

巷道

⊙王氏宗祠

⊙石街与民居

门楼挂落

山墙石窗

⊙古老的石碾仍在使用

⊙拴马扣

民居

⊙民居

⊙民居

石级

⊙土地庙

⊙永乐街

伯延村

1. 村落概况

伯延村位于邯郸市所辖武安市区东南10千米处，是伯延镇政府所在地，对外交通便捷。伯延建村于北宋元祐年间（1086—1094），因其村形如展翅欲飞的大雁，故名伯雁，后写作“延”。初始有几户人家迁移此地，以农耕为主，后人口陆续迁入，成为集镇。清乾隆年间（1736—1795），伯延人大批外出经商，当时伯延人在东北开设的药店有200余家。到清末民初，伯延已是武安地区最大的物资集散地。1984年改为伯延镇，一直为乡（镇）政府所在地。

伯延传统民居是冀南地区保存较为完整的清末民初建筑群，它汇集了建筑学、绘画、雕刻、工艺美术等艺术特点，集中反映了地方建筑特色，有较高的艺术价值。2012年伯延村入选第一批中国传统村落名录。

2. 村落形态

伯延村南依鼓山，北临南洺河，地势平坦开阔。登鼓山俯瞰，气脉南来、流水北去。《武安县志》记载：“旁极齐秦，跨蹑燕赵，鼓山峙于前，定晋岩嶷于后，洺水流于左，太行耸于右。地险天成，为中州藩蔽。”

伯延村道路格局完整，街巷尺度、走向均未变化。伯延村主要历史街巷宽度在2—4.5米之间，路面以青砖或石材铺设。街巷两侧建筑保存完好，多为单层平屋顶建筑，一般用青砖建造，建造年限较晚的建筑偶有用红砖材质，但整体风格与老建筑基本一致。街巷两侧建筑高度多为3.5—4米之间，有高高的女儿墙及成排的屋顶出水口。街巷宽高比基本上在1：1到1：2之间，尺度宜人。

3. 建筑特色

（1）文物保护单位

伯延村有市级文保单位四处，分别是村西北部的伯延褡裢沟商代遗址、村西北部的龙泉陈家地商代遗址、先进街内清末民初的代表性建筑房家大院和徐家庄园。伯延民居建筑以四合院式为主，多为一进院或二进院，以坐北朝南居多。院落平面呈长方形，建筑物相互对称，布局结构紧凑。正房多为三间或五间面宽，东西厢房的间数不等，多则六间，少则一两间。大门多在院子右下角，若院子坐北朝南，大门在东南角；若院子坐东朝西，大门则在西南角，依此类推。

房屋多为砖木结构，以单层居多，个别两层（或者在大门门楼上方另起一层）。其屋顶形式较为特殊，人从内院看为飞檐盖瓦，瓦上压脊，两端出兽的坡屋顶，实则是平屋顶。从院外看建筑为高高的女儿墙，墙间设水口，水口由青砖雕刻而成。建筑的房基偏高，一般要上三步台阶才能到达室内，基础多为石砌。其墙体厚实，多为土坯内墙外面包青砖，保温隔热性能较好，居住舒适度高。

（2）民居院落

伯延民居的建筑装饰以雕刻、彩绘为主。房檐、屋檐、门楼、照壁、柱础、门礅等处多为精美的砖雕或石雕，题材以人物故事、吉祥物、瑞兽为主，表达了人们对美好生活的期盼和对子孙的教导。室内装饰多用木雕和彩绘，形态逼真。

房家大院　位于伯延村西南部的先进街，始建于乾隆中后期，到清末民初经历百年扩建，形成大小院落33座，房舍600余间，占地百余亩的庄园。房家大院内有四条古道：东西走向的北房家古道和南房家古道，南北走向的东房家古道和西房家古道。这四条古道把房家大院分成了老宅区、书院区和西宅区，形成“品”字形布局。

房家老宅区也是房家大院的主宅区，建筑集中在东、西房家古道之间及北房家古道两侧。由北房家古道及里，通过圆券内门，北侧五座、南侧四座共计九座歇山门楼的宅院，形成与徐家庄园有异曲同工之妙的“九门相照”。古道北边五处宅院，全部是坐北朝南“一进二”的四合院。从东往西依次是陆安堂院、承德堂东院、承德堂西院、同仁堂院和育德堂院。古道南边四处宅院，从东往西依次是大上院、大下院、德茂恒院和柜房院。这四座院中柜房院为坐东朝西并肩两院，其余三座院为坐南朝北“一进二”的四合院。

房家书院区包括西房家古道以东，南房家古道南侧的两座书房院以及南房家古道东北角的“藏书楼”（又名文化楼），这是供房家子孙读书习礼的学堂和存放书籍之地。南房家古道东端尽头是由一整块高2.5米、宽2米的青石雕刻的大影壁。这块影壁上刻有30多个人物与20多种花草图案。上方有两个拳头大小的洞眼，可架枪支攻击闯入古道的土匪，并通地下密室，如此巧妙的机关设计外人是很难提防的。

房家西宅区位于西房家古道西侧，建筑多坐西朝东，人员出入也走西房家古道的北大门。主体院落是西大院和西小院。

徐家庄园　位于伯延村先进街路北，与路南的房家大院毗邻，据说是庄主徐敬修为聘娶房家女儿而修建。徐家庄园南北长约80米，东西宽约30米，占地面积约2400平方米。该庄园由四座四合院组成，大小房间99间半，有“小故宫”之称。庄园四座院落均建在南北中轴线上，自第一个院落开始各院基础逐院升高，南北贯通形成“九门相照”。每座院落建筑各具特色，庭院东西厢房排列有序，正房均为五间头、两甩袖，唯独第四院落和后东园为二层楼房。徐家庄园每座院落明间设屏风，三院过厅、两边设隔扇。室内隔扇分东西两个内屋连接甩袖，每座院落均有木雕、石雕、砖雕仿木斗拱花纹，技艺精湛。

（3）历史环境要素

清乾隆年间（1736—1795），房家主人根据风水先生的建议，想在庄园北部的古槐树旁挖一水池以聚财气。因水池占地涉及徐家利益，便同徐家商议。徐家考虑到水池能在雨季对从南面来的洪水起到缓冲的作用，便同意了房家的要求。由于水池呈元宝形状，故名“元宝坑”。“元宝坑”在“文革”中被填平，改称“红旗路”，现在成了村子中心的一个广场，只有那棵植于明代的老槐树默默地承载着过去，展望着未来。

4. 民风民俗

伯延最显著的民风是崇尚经商。随着18世纪我国资本主义开始萌芽，伯延人不再满足农耕生活，先是从鼓山采药，经营药材生意。后开始“闯关东”，创建“武安帮”，开设药铺200多家。据同治四年（1865）祁州（今安国市）的药王碑记载：“凡客商载药来售者，各省自为帮，惟武安以县为帮……”伯延人北开药店，南做绸缎，其中以房家、徐家、朱家最具影响力。伯延徐家建“徐和发”药店，这是伯延人在外做的第一桩生意，之后房家的“德庆增”“祥顺公”，朱家的“锦和庆”相继开张。

民居大门

民居院落

⊙巷道

⊙门楼

门楣

门楣

门楼

门头装饰

⊙过街戏楼

⊙过街戏楼

东苑城村

1. 村落概况

东苑城村位于邯郸市峰峰矿区东部，北与武安市接壤，毗邻国家级风景名胜区响堂山。2008年3月，河北省文物专家在东苑城村北南洺河东岸发现东苑城遗址。东苑城何时建村无志可考，据村民历代相传，这里起初居住着崔、白、胡三大姓氏，后因灾荒、战乱，三大姓氏的人逐渐减少。明朝时，王之要移民至此，逐代繁衍，王姓后人逐渐增多。现在村民以王姓为主，已没有白姓后人。中华人民共和国成立前后，东苑城曾是武安往来磁县的交通要道，先后隶属武安、磁县管辖，1956年峰峰矿区成立后，属峰峰矿区人民政府管辖。

东苑城现存的古建筑中数量最多、规模最大的是民居，也是最具特色的古建筑群，分布在主街南北两侧，将近百座，大部分保存完好，建筑风格接近山西民居。传统民居大多建于清代，在一户民居的墙体青砖上清晰可见“乾隆三十八年”字样，另一户的厢房顶上，褐色的陶瓷碗碎片镶嵌在灰土中拼砌出“大清光绪”四个大字。

2. 村落形态

东苑城地势东高西低，北高南低，山环水绕，东依鼓山，北临南洺河，西、南分别为西河、南河，村庄坐落于中间地势比较高的地带，坐北面南。相传古时有凤凰落在此处，村西一处土丘现在仍然叫作凤凰垴，村南有桥曰凤鸣桥。20世纪70年代跃峰渠在村庄东侧南北而建，建筑的核心地段位于跃峰渠西侧。

因为地势的原因，村庄核心地段东西向主要道路自然形成坡度，因为大多数院落正房面南背北而建，所以主街两侧形成多条巷道。村庄道路格局完整，一条主街蜿蜒贯穿东西，随坡就势，宽窄不一，最窄的地段不足4米。南北有多条小巷与主街相连，东西南北反复交错。纡回转折之处，好似走到尽头，却在不经意间出现下一个出口，不知不觉竟然走到村边。部分小巷还保留着碎石铺就的路面，碎石间隙青草依依，更添几分古朴。

3. 建筑特色

（1）建筑细部

走在东苑城的大街小巷，不时会发现造型美观、形态各异的门楼，做工颇精。门楼上多采用砖雕装饰。有些门楼与屋顶的结构相仿，瓦顶都设正脊，花草砖直接砌筑在墙体内。檐头至墙体之间的青砖细心打磨，垂柱中间或雕刻耕、读二字，或雕刻福、禄二字，也有瑞兽图案，透出一股浓厚的书卷气息。也有的直接用砖在墙体上层层出檐，两侧饰砖雕莲花柱。石雕在这里广泛应用，上马石、柱础、门墩石等雕刻精美。如在一户人家的门枕石上，正面雕刻有狮、猴嬉戏，侧面则是两种花卉，造型逼真，制作精良。

（2）民居院落

东苑城传统民居以四合院居多，一般由正房、厢房、倒座、大门、影壁组成一个完整的院落。

王伯永宅 位于东西主街北侧，三进院落，占地面积约280平方米。因后人分家，改为一座独院及一座二进院落。临街院落门楼下砌七步台阶，两侧墙壁上有拴马桩，上马石、旗杆石散落一旁，显示出先人曾经的荣耀。二进院落为四合院，东南角开院门，正房二层五开间，三明两暗，前砌四步台阶月台。东西厢房南北各三间，外院亦如此。外院南北角落有两处侧门，与东西两小院相通。东南角屋顶有砖砌台阶下通南小院，平屋顶外围女儿墙高耸。一、二层之间，砌“一字坡”屋檐，檐脊雕花砖、吻兽，檐头为兽头瓦当和如意滴水。临街房屋对外开有直径约50厘米的圆形小窗。

王忠友宅 院落位于王伯永宅东侧，南北小巷的尽端，距今已有400余年历史，为三合院，占地面积约380平方米。院落大门上方有一砖雕匾额，上刻“谦受益”三字。院落为二进五开间双侧屋布局。正房坐北朝南，前砌月台，条石铺就四级台阶。原为二层楼房，二层阁楼已坍塌。一层与二层衔接处，以“一字坡”向前挑出屋檐，正脊花草砖平铺，两端置龙吻。正房门窗均为木雕花格，形式不一。月台之上设四根檐柱，檐柱上端木构件雕刻精美，古朴大方，额枋上的彩绘已褪去颜色。月台两侧向东西方向分别砌筑圆券拱门，与旁边的院落相通。

王家山宅 位于王伯永宅西侧，四合院形制，占地面积约300平方米，临街门楼高阔，石台高筑，抱鼓石保存完好。里院正房为五开间，三明两暗，现正房二层的阁楼已坍塌，上楼的木梯仍在屋内原址保留。月台上方正对正房两侧窗户位置分别建有耳房。月台之下，有东西厢房各三间。正房的大门及门楣上，木雕花饰纹路细腻。檐廊檐顶正脊、垂脊中间用花草砖雕装饰，两端置吻兽，青灰筒瓦覆顶。檐柱上端各种木构件雕刻精美，额枋上的彩绘依稀可见。月台的东面耳房窗子下面有暗道，顺台阶而下，地下室内空间开阔，可以防盗。

（3）历史环境要素

在普通百姓的日常生活中，拜神礼佛是一件大事。神龛在这里非常普遍，大街上有供奉槐仙的神龛，每家每户有供奉天地的神龛。神龛一般设在正房门口的左侧，在建造房屋时，在墙壁内留出凹槽，用以放置香炉，凹槽底部灰砖挑出墙面，左右及上方分别以砖雕砌筑，上方书“天地位焉”，左右两侧是“祝风调雨顺，贺国泰民安”。横批上方，则用砖雕砌出斗拱、额枋、垂莲柱等。顶上正脊花草砖、吻兽装饰齐全，正中设莲花座饰。砖雕彩绘蓝、黄二色，精巧之至。

村庄现存的石券门是原来的西大门，建于何年何月已无从考证。石券门通体用石块砌成，拱圈上方斜向砌筑两块条石，具有分散重量、加固整体的作用。西券门曾经是村庄的主要出入口，两侧摆放石狮。随着马磁线的通车，西券门逐渐失去了交通功能。后来，村里在上面建了小学，现在学校已另觅新址，石券门至今坚固如初。

村中西券门的东南角保留一处大车店，车店入口东侧，种有两棵古槐树，一棵国槐，一棵洋槐，树干粗壮，枝繁叶茂，见证了大车店昔日的繁荣。

⊙民居院墙

⊙门楼

⊙民居与巷道

⊙石桥

⊙砖雕门楣

⊙民居门楣

⊙民居门楣

民居院门

民居院门

门楼

院门

⊙照壁

⊙上马石

⊙石雕

⊙民居照壁神龛

⊙民居与巷道

⊙巷道

⊙赵家大院门楣

⊙赵家大院入口

⊙李家大院

郝家大院

郝家大院

◉民居外景

◉民居门头

◉民居门头

墀头砖雕

墀头砖雕

民居门头

民居门头

民居

龙券

民居大门

拱券门楼

民居石阶

巷道

◎龙券

⊙民居

⊙古券门

偏城村

1. 村落概况

偏城村隶属于邯郸市涉县偏城镇，因村庄中部的山寨式古建筑群——偏城（俗称刘家寨）而闻名。因了古寨的存在，寨子所在的村叫偏城村，寨子所在的沟叫偏城沟，寨子所在的镇叫偏城镇，涉及方圆几十里。

据《刘氏家谱》记载，始祖刘本，明永乐年间（1403—1424）迁燕京之际自辽州迁偏城，由于世代为官，渐成望族，于是筑墙建寨，名“永安寨”，因地处偏僻，又称“偏城”，因原主人姓刘，所以俗称“刘家寨”。宋代以前，偏城村一直为涉县所领。元至元二年（1265）偏城划入山西省黎城县，经670多年，至民国二十九年（1940）一月成立偏城县抗日政府。八路军一二九师先遣纵队，偏城县委、县政府等在这里驻扎七年之久。

偏城村又称永安寨、莲花寨，是一座隐藏在太行山麓的风貌完整的北方山寨式古建筑群。古寨充分利用当地石材营建出丰富的生活空间，具有北方四合院、套式建筑形式，飞檐斗拱、雕梁画栋的中国古典建筑中又融有西方建筑符号，汇集了建筑学、绘画、文学、书法、雕刻、工艺美术等艺术特点。2007年偏城村被评为第一批河北省历史文化名村，2008年被评为第四批中国历史文化名村，2012年入选第一批中国传统村落名录。

2. 村落形态

偏城村位于太行山深山区，北依青山、青塔水库，南邻偏城水库，依山傍水，环境优美。

村寨建在一处方整的高岗之上，边界清晰，形态完整，封闭性强，强调安全防卫功能。村寨布局结构紧凑，四周是用青石垒砌的10米高的寨墙，上薄下厚，基础牢固。寨子设东、南、北三个门楼。寨墙、寨门在彰显村寨边界的同时，也是村寨的标识。东寨门上建文昌阁，券门顶书“永安寨”三字；北寨门上建玉皇阁，券门上书“偏城”二字；南寨门上建奶奶阁。现存北寨门较完好，其他两门仅留有券门，阁已毁坏，东寨门上的“永安寨”石刻存放于刘氏第十九代传人刘森林家中。寨内分为7门圪廊、48座院落，占地面积5000平方米，现存多为清代到民国初年建筑群，全部是砖石土木结构。寨子呈长方形，一条长约120米的东西向主街把寨子分成南、北两部分，三条南北向街道与东西向主街相交，把寨子分成八部分。刘家寨人对水情有独钟，寨的四周都有水源，在北、西、南三个方向有古池，寨东有一口古井。

石头铺就的古寨街道呈“丰”字形。东西向主街的道路中心线由卵石铺成，分成东、西两部分，西半部分略偏南，东半部分略偏北。两条中心线相互交织。街巷总长1200多米，主要街道宽3—4米，巷和胡同宽1—2米。街巷随地势高低错落，既减少工程量又利于排水。街巷两旁或是砖砌门楼，或是砖石瓦房、石头平房。房屋依高就低，街依房建，房与街齐，古朴厚实的石墙、石房与粗犷的石街、石巷相映成趣。

3. 建筑特色

（1）民居院落

刘家寨内留存的老院落全部为砖石土木结构，属典型的北方合院形式，具有较高的科研和艺术观赏价值。民居整体特点可以概括为：院落空间内向，宅院外墙高大，内外界限明确，私密性极好。现存多为纵向串联相接的四合院。沿街门楼飞檐斗拱、高大气派。高高的台阶多为青石铺就，底层台阶下设排水口，门前有上马石、拴马石。屋顶多为坡顶，出飞檐，圆椽，屋顶压背，方砖盖瓦。房基为石砌，土坯墙，梁下设砖柱或木柱支撑，有“墙倒屋不塌”之说。街道尽头房屋的后墙多是寨墙。院落大门主要有广亮门和扫地门两种：广亮门宽阔，门上雕刻繁复，门槛高；扫地门较窄，无门槛，门上雕刻简单。除进士府外，大门多设在东南角，一进大门就面对东厢房的南山墙，山墙上用砖出挑形成“跨山影壁”。围合院落的围墙和屋墙，一般不对外开窗或者只是在墙上开高窗。根据院内建筑的格局有明楼院和石柱院之分。明楼院主房为明楼，明楼外精雕书画；石柱院主房的柱子皆为笔直的石头，石柱下压着刻有各种图案的柱顶石，多为各式各样的莲花宝座。

将军第　“六门圪廊”南头西侧的将军第最为威严。这里曾住过清朝武功将军刘道泰，抗战期间，亦曾为中共偏城县委所在地。将军第是典型的三进两院四合院式建筑，建筑设计依山就势，院落方圆整齐，相互对称，布局紧凑，主房、配房等级明显。门洞式大门，门楼突破传统，借鉴欧式尖券样式，雕刻有做工精细的纹饰图案。雕梁画栋的中国古典建筑中又融有欧式艺术特点，整体构造浑然天成。大门两侧的门楣为青石竖立，并雕刻楹联。门前的上马石、拴马石，默默诉说着当年主人的显赫。院落依山而建，前后落差达9米。以厅堂为主体，门庭威严，青石铺阶，中门两厢，中轴线纵深延伸，形成合院套院。

进士府　位于将军第的对面，是清代同治四年（1865）武进士刘榕的府第，典型的两进四合院。刘榕官至正四品昭武都尉，故而院落大门等级较高，匾额上书“进士府”三个大字，保存完好，门头上有精美的木雕和彩绘。内院方砖铺就甬道，整体形态呈矩形，东西短，南北长。进士府没有中厅，凭一道过门联接前后两院。此门称为“永春门”。门由青砖砌成，上刻精美石雕，开三个拱券式门洞，建筑风格与院落整体基调一致。中间的大门洞高5米左右，只有主人和有身份的人才能走，两旁的侧门高约4米，供其他人员通行。

明楼院　亦称西圪廊院，典型的单进四合院，因主房样式为明楼而得名。抗日战争时期，八路军一二九师先遣纵队进驻偏城时住在此院，为了保密，称“马岗留守处”。院落呈中轴对称式布局，由正房、厢房、倒座和门楼组成。庭院狭长，长宽比约1：1.4。正房为一座二层明楼，硬山双坡，木刻精细。西厢房为“一明两暗”硬山顶二层建筑，后墙即是寨墙，朝向院内的单坡屋顶，使得雨水不会外流。倒座为一层平顶，主要用于仓储和厨房等。拱券式大门位于院落东南方，大门正对的装饰性影壁，设于东厢房的山墙上。

（2）历史环境要素

寨门是寨子的标志，刘家寨共有三处寨门。北门现在是主门，高约10米，上半部分为青砖砌成的阁楼，下半部分为石头垒筑的券门。最引人注目的是嵌在城楼正中石雕上的“偏城”两字，盈尺古隶，笔力苍劲，“城”字右上角的“点”并不在正确的位置，而是“点”在外面。斑驳的青砖城楼上醒目的裂痕，诉说了岁月的古老和沧桑。门洞左右“天马行空”和“犀牛望月”石刻显示着曾经的辉煌。

4. 民风民俗

偏城村历来有农历一、四、七日为集的习俗，每到集日，人们到这里交换余缺，互通有无。刘家寨人敦本务实，踏实敬业，一些古老的传统延续至今，逢年过节都有祭祀，同时开展诸如舞龙、秧歌等文艺活动。

⊙偏城村平面图

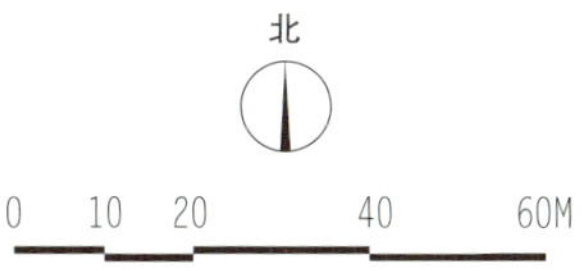

1. 古池
2. 明楼院
3. 古池
4. 北寨门
5. 原县政府
6. 将军第
7. 东寨门
8. 进士府
9. 南寨门
10. 古池
11. 古寨墙
12. 西方圣母殿

西寨门

寨墙

南寨门

北寨门

⊙门楼

⊙门楣

⊙石雕细部

⊙石雕细部

⊙上马石

⊙柱础

“将军第”门楣

将军第门前的上马石

将军第月亮门

将军第

进士府

进士府

进士府斗拱

进士府巷道

明楼院

明楼院

明楼院

⊙民居山墙

⊙六门巷

固新村

1. 村落概况

固新村位于邯郸市涉县固新镇，处晋冀豫三省交界处的清漳河谷地，属太行山浅山区。村庄西靠太行山脉，东临清漳河，南、北山岭连绵，沟谷交错。清漳河沿岸肥沃平坦的台地为固新村的发展提供了优越条件。固新村交通便利，自古为涉县通林州的交通要道。

固新村曾是县治所在地，留存有大量文化遗迹和建筑古迹。北齐天保元年（550）涉县归临水县，县治曾设在故县村。相传唐末李克用曾在此屯兵筑城，并欲在此置县城，该村遂改名故县。2012年固新村入选第一批中国传统村落。

2. 村落形态

固新村地处清漳河谷地，是涉县有名的鱼米之乡，其自然环境可以概括为“山环水绕”。周围有太行山脉的毛树垴、磨盘山、南寺垴、妈妈寨、路家垴等山峰，中部有永惠渠贯通，东侧有清漳河环绕。自然山水环境衬托着太行山区古村寨，村庄依清漳河走势，聚落空间格局优美完整。

固新古村建在清漳河西侧河流台地上，呈长方形。作为曾经的县治所在地，遗存下典型的北方城堡四门四券形制，布局结构紧凑，封闭性强，具有良好的防御功能。现在街巷仍然保留了完整的消防、排水系统，留存形态完整的古村落风貌。村民就地取材，利用清漳河谷地的泥土制成土坯建造房屋，典型的“两甩袖”单体平面四合院布局。建筑材料、风格、式样都代表了冀南地方民居建筑特色。

四门四券围合的建筑和布局显示出很强的防御性。四周建有围墙，开东、西、南、北四门。门券上建阁，阁内供奉各路尊神。村中主街道呈“十”字形交叉，文明中街连通南北两券门。万和东街连接文明中街和东券门，长约125米。万和西街连接西券门和文明中街，长约160米。文明街作为昔日通往林县的官道，两侧商业店铺云集。随着涉林公路的开通，文明街逐渐变为村庄内部的主街道，但仍然是固新村主要的商业街。

固新村拥有形态完整、保持了传统风貌的老街巷16条，其中主街三条——文明中街、万和东街和万和西街。三条主街连通四个券门，其他街巷多与文明街相交，鱼骨状布局。主要街道一般是石板或者卵石铺地，次要街巷为黄土路面，街巷狭窄。街巷两侧是黄土坯院落建筑，土墙土房与石街土巷相映成趣，与山水一起构成美丽的街巷景观。

文明中街从南券门起，止于北券门，长480

米，宽约6米，是固新村的古商业街。街道使用当地石材铺地，中间为大块石板，两侧为不规则石块，街侧盖板下的永惠渠至今仍流水潺潺。文明中街两侧多为清末民初商铺，院落基本都朝向主街开门，古商铺门板房，历史感较强。

万和街连通东西两券门，长约285米，宽约3米，青石铺砌，两侧建筑多为清末民国及中华人民共和国成立初期的一至二层院落，外立面为土坯墙。

育英巷、常泰巷、常顺巷、年胜胡同、年泰胡同、年新胡同、年顺胡同、万泰胡同、小井上胡同、常利胡同等街巷则为传统黄土路面。蜿蜒曲折，宽度3—4米不等，两侧多为传统四合院。得清漳河之利，村民开挖永惠渠引漳河水入街巷，满足了生活、灌溉和环境等多方面需求。河渠穿村而过，与周围民居巧妙融为一体，历经上百年依旧生机盎然。

3. 建筑特色

（1）文物保护单位

洞阳观位于固新村西小学院内，为省级文保单位，始建于元延祐三年（1316），明洪武十七年（1384）因火焚毁，道人李平甫同年在旧址重修。洞阳观坐北朝南，原有山门、前殿、中殿、后殿、东西配房等建筑50余间，现保存有老君殿中殿和后殿，均为三开间双坡悬山顶，有院墙相连。前殿较宽大，木柱有明显收分，斗拱构件体量大。

（2）民居院落

村内宅院多为四合院形式，房屋面向庭院开放，左右对称，有明显的轴线，主次关系明确。院落平面呈纵向长、横向短的矩形。建筑多为砖木结构，有些建筑墙体用土坯垒砌，墙脚和门窗周边等部位用砖砌筑，墙基用石条垒砌。院落中间是正房，建在砖石砌成的台基上，多为二层硬山双坡，面阔五间，中间三间是堂屋，两边是卧室，比其他房屋的规模要大，是主人居住的地方。在一楼形成前廊，有廊柱支撑，外观显得轻盈通透。二楼一般不住人，作储物用，在室内设有楼梯。院子左右两边是厢房，是晚辈们居住的地方，一般二层硬山双坡，一层为生活起居，二楼多存放粮食、农具等。屋内不设楼梯，需要时从院子里搭梯子上去。房屋大门位于院落中轴线或东南角，大门进入后正前方在厢房的山墙上做影壁，然后折向中路。临街的大门一般设在中轴线左侧，不设单独的门楼。坡顶上压有正脊，脊端出兽，脊两面有浮雕花草纹饰。一层四合院的围墙和临街的房屋不对外开窗，院中的环境封闭而幽静。

三阁楼　位于固新万全胡同，是明末村里首富崔百万的住宅。传说当年崔百万独闯京城卖山货，凭古槐棋局赢了皇叔，置下这片家宅，现在崔氏后人在此居住。属于典型一进四合院落，土木结构，院落占地面积约400平方米。正房五间，两层硬山双坡布瓦顶，正立面为木质材料，板门全木装修，装饰构件精美。东厢房为三层砖砌阁楼，是固新古建筑中唯一的三层楼房。墙厚达1米，一层设拱券形门，二层一个拱券门、两个拱形小窗，三层为三个方形小窗，侧面还有圆形的小窗，楼房的二、三层没有楼梯，处处体现出安防要求。据说三阁楼原是崔百万的藏银楼，为了防盗而不设楼梯。倒座为二层平顶，为古朴的青砖土坯房，基本保持了原貌。

高彦平宅　位于固新年胜胡同，建于清代，是目前保存完好、历史艺术价值较高的院落，是固新建筑的代表。一进四合院落，占地面积约260平方米。主房五间，二层硬山双坡灰瓦顶，正立面木质材料，四梁八柱板门全木装修，装饰构件精美，比其他房屋的规模大。两边建有东西厢房。东厢房二层，硬山双坡灰瓦顶，青砖墙面。一层小门小窗，二层中间板门宽敞，两侧是小窗，门窗雕饰朴素大方。一层为生活起居，二层储藏粮食、农具等。西厢房为一层平顶土坯房，青砖镶嵌门窗框，白灰抹面，带有当地20世纪50年代的建筑风格。院门设在倒座的中部，进门后有一道平时不开启的屏门，行人进板门后由左右两侧进入院子。

固新村804号 位于固新万和西街北部，是典型的二进四合院。院落占地面积265平方米，产权归属于五户，现无人居住。第一进院落两厢房均为一层平顶，东厢房是建于20世纪50年代至70年代的土坯房。中厅建于民国末期，为硬山双坡灰瓦顶，青石基础、青砖门框。二进院主房为二层，硬山双坡灰瓦顶，四梁八柱板门全木装修，历经多年的风雨沧桑，雕饰已经模糊不清。青砖门窗框、土坯墙、脱落的白灰墙面，不时勾起人们对逝去时代的记忆。

（3）戏台

村内有两处戏台。北戏台为典型的山门戏台：二层建筑，下层过人，上层演出，从外看是巍峨高耸的山门。南戏台布局类似北戏台，体量稍小，对面为老爷庙。

（4）历史环境要素

券门是村寨的标志。据记载，固新村四个券门均建于北齐天保年间（550—560），为基石拱券，或石横梁建筑。一层为券，石块砌筑；二层为阁，砖木石结构。门高9米左右，宽约3米。现在只有南券门保存最好，北券门在20世纪80年代经过重修，位于村中心的古槐广场。南券门为石券门洞，上建硬山坡屋顶玉皇庙，砖墙厚重，上覆青瓦，前后出廊，柱头有斗拱。南券门上书“固新村”三个大字。据村中老人回忆，东券门原本是最华丽的，拱券之上建有神殿，飞檐斗拱，檐角挂有铁铸的小铃，微风过处，叮当作响。

早在明清以前，这里寺、庵、观、院依泉而建，村中井水甘甜可口。固新村现存古井25处，多为清代所建，保存完好，每眼古井旁都有神位或者庙堂，同时配建小广场。

固新村有三棵古槐：老槐树、古槐和小槐。老槐树位于文明中街北部，紧邻北券门，相传“植于秦汉，盛于唐宋”，树龄至少在2000年以上。固新老槐树是目前河北省已知的树龄最长的槐树，在树旁立有“天下第一槐”的石碑。老槐树高29米，直径19米，至今仍开花结子，虽历尽千年沧桑，仍能茁壮生长，实为罕见，是珍贵的活文物。

固新村平面图

北券门

南券门

⊙文明街

⊙胡同

⊙商铺

过街小庙

万和街

老君殿正殿

老君殿

⊙大庙

⊙大庙

⊙北戏台

⊙北戏台

民居

三阁楼

三阁楼院主房

灯棚

南当铺

古井

主要参考文献

1. 刘沛林.古村落：和谐的人聚空间[M]. 上海：上海三联书店，1997.

2. 北京门头沟村落文化志编委会.北京门头沟村落文化志（一）[M]. 北京：北京燕山出版社，2008.

3. 北京门头沟村落文化志编委会.北京门头沟村落文化志（二）[M]. 北京：北京燕山出版社，2008.

4. 北京门头沟村落文化志编委会.北京门头沟村落文化志（三）[M]. 北京：北京燕山出版社，2008.

5. 北京门头沟村落文化志编委会.北京门头沟村落文化志（四）[M]. 北京：北京燕山出版社，2008.

6. 任俊卿. 古村落的保护与发展研究[D]. 石家庄：河北师范大学，2012.

7. 河北省鹿泉市史志编纂委员会.获鹿县志[M]. 北京：中国档案出版社，1998.

8. 赵勇. 中国历史文化名镇名村保护理论与方法[M]. 北京：中国建筑工业出版社，2008.

9. 蒋光祖，夏兆豊. 武安县志[M]. 1739（清乾隆四年）.刊本.

10. 政协井陉县委员会.井陉历史文化：风景名胜卷[M].北京：新华出版社，2004.

附录

北京市历史文化名村（镇）、传统村落名单

序号	名　称	地　点	文保级别
1	水峪村	北京市房山区南窖乡	●●
2	南窖村	北京市房山区南窖乡	●
3	宝水村	北京市房山区蒲洼乡	●
4	黑龙关村	北京市房山区佛子庄乡	●
5	千军台村	北京市门头沟区大台街道	●
6	三家店村	北京市门头沟区龙泉镇	●
7	琉璃渠村	北京市门头沟区龙泉镇	●●
8	爨底下村	北京市门头沟区斋堂镇	●●
9	黄岭西村	北京市门头沟区斋堂镇	●
10	马栏村	北京市门头沟区斋堂镇	●
11	灵水村	北京市门头沟区斋堂镇	●●
12	西胡林村	北京市门头沟区斋堂镇	●
13	沿河城村	北京市门头沟区斋堂镇	●
14	碣石村	北京市门头沟区雁翅镇	●
15	苇子水村	北京市门头沟区雁翅镇	●
16	东石古岩村	北京市门头沟区王平镇	●
17	长峪城村	北京市昌平区流村镇	●
18	焦庄户村	北京市顺义区龙湾屯镇	●
19	岔道村	北京市延庆区八达岭镇	●
20	吉家营村	北京市密云区新城子镇	●
21	古北口村	北京市密云区古北口镇	●
22	令公村	北京市密云区太师屯镇	●

天津市历史文化名村（镇）、传统村落名单

序号	名　称	地　点	文保级别
1	陈塘庄村	天津市宝坻区八门城镇	●
2	六街村	天津市西青区杨柳青镇	●
3	西井峪村	天津市蓟州区渔阳镇	●
4	黄崖关村	天津市蓟州区下营镇	●

注：

● 中国传统村落

● 中国历史文化名村（镇）

● 全国重点文物保护单位

河北省历史文化名村（镇）、传统村落名单

序号	名　称	地　点	文保级别
1	宋古城村	石家庄市井陉县天长镇	●
2	东关村	石家庄市井陉县天长镇	●
3	北关村	石家庄市井陉县天长镇	●
4	河东村	石家庄市井陉县天长镇	●
5	吴家垴村	石家庄市井陉县天长镇	●
6	板桥村	石家庄市井陉县天长镇	●
7	长生口村	石家庄市井陉县天长镇	●
8	梁家村	石家庄市井陉县天长镇	●●
9	小龙窝村	石家庄市井陉县天长镇	●●●
10	核桃园村	石家庄市井陉县天长镇	●
11	乏驴岭村	石家庄市井陉县天长镇	●
12	石桥头村	石家庄市井陉县天长镇	●
13	庄旺村	石家庄市井陉县天长镇	●
14	南横口村	石家庄市井陉县秀林镇	●
15	南峪村	石家庄市井陉县南峪镇	●
16	地都村	石家庄市井陉县南峪镇	●
17	台头村	石家庄市井陉县南峪镇	●
18	北平望村	石家庄市井陉县威州镇	●
19	卢峪村	石家庄市井陉县小作镇	●
20	沙窑村	石家庄市井陉县小作镇	●
21	七狮村	石家庄市井陉县南障城镇	●
22	大王帮村	石家庄市井陉县南障城镇	●
23	吕家村	石家庄市井陉县南障城镇	●●●
24	小梁江村	石家庄市井陉县南障城镇	●●
25	大梁江村	石家庄市井陉县南障城镇	●●●
26	杨庄村	石家庄市井陉县苍岩山镇	●
27	固兰村	石家庄市井陉县苍岩山镇	●
28	汪里村	石家庄市井陉县苍岩山镇	●
29	石门村	石家庄市井陉县测鱼镇	●
30	赵村铺村	石家庄市井陉县北正乡	●
31	于家村	石家庄市井陉县于家乡	●●●
32	张家村	石家庄市井陉县于家乡	●
33	高家坡村	石家庄市井陉县于家乡	●
34	狼窝村	石家庄市井陉县于家乡	●
35	当泉村	石家庄市井陉县于家乡	●
36	水窑洼村	石家庄市井陉县于家乡	●
37	南张井村	石家庄市井陉县于家乡	●
38	孙庄村	石家庄市井陉县孙庄乡	●
39	洪河漕村	石家庄市井陉县辛庄乡	●
40	小切村	石家庄市井陉县辛庄乡	●
41	桃王庄村	石家庄市井陉县辛庄乡	●
42	胡仁村	石家庄市井陉县辛庄乡	●
43	苏家嘴村	石家庄市井陉县辛庄乡	●
44	河应村	石家庄市井陉县南王庄乡	●

序号	名　称	地　点	文保级别
45	贾庄村	石家庄市井陉矿区贾庄镇	●
46	南凤山村	石家庄市井陉矿区凤山镇	●
47	黄安村	石家庄市平山县北冶乡	●
48	大庄村	石家庄市平山县杨家桥乡	●●
49	大坪村	石家庄市平山县杨家桥乡	●●
50	九里铺村	石家庄市平山县杨家桥乡	●
51	封庄村	石家庄市鹿泉区石井乡	●
52	水峪村	石家庄市鹿泉区白鹿泉乡	●
53	嶂石岩村	石家庄市赞皇县嶂石岩乡	●
54	金村	邯郸市峰峰矿区和村镇	●
55	李岗西村	邯郸市峰峰矿区和村镇	●
56	北侯村	邯郸市峰峰矿区义井镇	●
57	王三村	邯郸市峰峰矿区义井镇	●
58	张家楼村	邯郸市峰峰矿区彭城镇	●
59	西老鸦峪村	邯郸市峰峰矿区界城镇	●●
60	赤岸村	邯郸市涉县河南店镇	●●
61	禅房村	邯郸市涉县井店镇	●
62	王金庄村	邯郸市涉县井店镇	●●
63	南漫驼村	邯郸市涉县更乐镇	●
64	大洼村	邯郸市涉县更乐镇	●
65	固新村	邯郸市涉县固新镇	●
66	原曲村	邯郸市涉县固新镇	●●●●
67	偏城村	邯郸市涉县偏城镇	●●●
68	岩上村	邯郸市涉县辽城乡	●
69	后岩村	邯郸市涉县关防乡	●●
70	岭底村	邯郸市涉县关防乡	●●
71	宋家村	邯郸市涉县关防乡	●●
72	东鹿头村	邯郸市涉县鹿头乡	●
73	五合村	邯郸市磁县白土镇	●
74	吴家河村	邯郸市磁县白土镇	●
75	齐家岭村	邯郸市磁县陶泉乡	●
76	南王庄村	邯郸市磁县陶泉乡	●●●
77	北岔口村	邯郸市磁县陶泉乡	●●●
78	北王庄村	邯郸市磁县陶泉乡	●
79	花驼村	邯郸市磁县陶泉乡	●●
80	西花园村	邯郸市磁县陶泉乡	●
81	同义村	邯郸市磁县都党乡	●
82	北贾壁村	邯郸市磁县北贾壁乡	●
83	岗西村	邯郸市磁县北贾壁乡	●
84	双和村	邯郸市磁县北贾壁乡	●
85	西苗庄村	邯郸市磁县北贾壁乡	●
86	大贺庄村	邯郸市武安市午汲镇	●●●
87	伯延村	邯郸市武安市伯延镇	●
88	白府村	邯郸市武安市邑城镇	●
89	后临河村	邯郸市武安市贺进镇	●
90	冶陶村	邯郸市武安市冶陶镇	●●

序号	名　称	地　点	文保级别
91	安子岭村	邯郸市武安市冶陶镇	●
92	固义村	邯郸市武安市冶陶镇	●
93	黄粟山村	邯郸市武安市北安庄乡	●
94	什里店村	邯郸市武安市石洞乡	●●●
95	万谷城村	邯郸市武安市管陶乡	●
96	朝阳沟村	邯郸市武安市管陶乡	●
97	没口峪村	邯郸市武安市马家庄乡	●
98	崔路村	邢台市信都区南石门镇	●●●
99	小桃花村	邢台市信都区南石门镇	●
100	大贾乡村	邢台市信都区南石门镇	●
101	姚坪村	邢台市信都区南石门镇	●
102	皇寺村	邢台市信都区皇寺镇	●
103	李梅花村	邢台市信都区皇寺镇	●
104	南会村	邢台市信都区西黄村镇	●
105	鱼林沟村	邢台市信都区路罗镇	●●●
106	茶旧沟村	邢台市信都区路罗镇	●
107	桃树坪村	邢台市信都区路罗镇	●●
108	英谈村	邢台市信都区路罗镇	●●●
109	内阳村	邢台市信都区将军墓镇	●●●
110	龙化村	邢台市信都区太子井乡	●●●
111	石坡头村	邢台市信都区太子井乡	●
112	白杨庄村	邢台市信都区北小庄乡	●
113	东石善村	邢台市信都区北小庄乡	●●
114	龙门村	邢台市信都区北小庄乡	●
115	郝庄村	邢台市临城县郝庄镇	●
116	驾游村	邢台市临城县赵庄乡	●
117	神头村	邢台市内丘县南赛乡	●●
118	黄岔村	邢台市内丘县獐么乡	●●
119	小西村	邢台市内丘县侯家庄乡	●
120	窦冯马村	邢台市平乡县丰州镇	●
121	樊下曹村	邢台市沙河市白塔镇	●●
122	上申庄村	邢台市沙河市十里亭镇	●●
123	城湾村	邢台市沙河市綦村镇	●
124	西南沟村	邢台市沙河市綦村镇	●
125	册井村	邢台市沙河市册井乡	●●
126	北盆水村	邢台市沙河市册井乡	●●●
127	通元井村	邢台市沙河市册井乡	●
128	白庄村	邢台市沙河市册井乡	●
129	渐凹村	邢台市沙河市刘石岗乡	●●
130	大坪村	邢台市沙河市刘石岗乡	●●
131	西沟村	邢台市沙河市柴关乡	●●●
132	王硇村	邢台市沙河市柴关乡	●●●
133	石门沟村	邢台市沙河市柴关乡	●
134	绿水池村	邢台市沙河市柴关乡	●●●
135	安河村	邢台市沙河市柴关乡	●●
136	彭硇村	邢台市沙河市柴关乡	●

序号	名称	地点	文保级别
137	陈硇村	邢台市沙河市柴关乡	●
138	杜硇村	邢台市沙河市柴关乡	●
139	马峪村	邢台市沙河市柴关乡	●
140	王茜村	邢台市沙河市蝉房乡	●
141	口上村	邢台市沙河市蝉房乡	●
142	后渐寺村	邢台市沙河市蝉房乡	●
143	冉庄村	保定市清苑区冉庄镇	●●●●
144	戎宫营村	保定市清苑区孙村乡	●
145	国公营村	保定市清苑区闫庄乡	●
146	岭南台村	保定市涞水县九龙镇	●
147	骆驼湾村	保定市阜平县龙泉关镇	●
148	朱家庵村	保定市阜平县天生桥镇	●
149	和家庄村	保定市唐县军城镇	●
150	史家佐村	保定市唐县齐家佐乡	●
151	倒马关村	保定市唐县倒马关乡	●
152	圈头村	保定市安新县圈头乡	●
153	南腰山村	保定市顺平县腰山镇	●●●
154	北康关村	保定市顺平县台鱼乡	●
155	刘家庄村	保定市顺平县大悲乡	●
156	黄花坪村	张家口市张北县油篓沟乡	●
157	张中堡村	张家口市蔚县代王城镇	●●
158	石家庄村	张家口市蔚县代王城镇	●
159	中小堡村	张家口市蔚县暖泉镇	●
160	北官堡村	张家口市蔚县暖泉镇	●
161	西古堡村	张家口市蔚县暖泉镇	●
162	千字村	张家口市蔚县暖泉镇	●
163	南留庄村	张家口市蔚县南留庄镇	●●●
164	白河东村	张家口市蔚县南留庄镇	●
165	白后堡村	张家口市蔚县南留庄镇	●
166	白宁堡村	张家口市蔚县南留庄镇	●
167	白中堡村	张家口市蔚县南留庄镇	●
168	白南堡村	张家口市蔚县南留庄镇	●
169	小饮马泉村	张家口市蔚县南留庄镇	●
170	水东堡村	张家口市蔚县南留庄镇	●●
171	水西堡村	张家口市蔚县南留庄镇	●●●
172	大饮马泉村	张家口市蔚县南留庄镇	●
173	史家堡村	张家口市蔚县南留庄镇	●
174	埚串堡村	张家口市蔚县南留庄镇	●
175	曹疃村	张家口市蔚县南留庄镇	●
176	单堠村	张家口市蔚县南留庄镇	●
177	杜杨庄村	张家口市蔚县南留庄镇	●
178	南堡村	张家口市蔚县阳眷镇	●
179	宋家庄村	张家口市蔚县宋家庄镇	●●●
180	北口村	张家口市蔚县宋家庄镇	●
181	郑家庄村	张家口市蔚县宋家庄镇	●●
182	上苏庄村	张家口市蔚县宋家庄镇	●●●